思想的・睿智的・獨見的

經典名著文庫

學術評議

丘為君 吳惠林 宋鎮照 林玉体 邱燮友
洪漢鼎 孫效智 秦夢群 高明士 高宣揚
張光宇 張炳陽 陳秀蓉 陳思賢 陳清秀
陳鼓應 曾永義 黃光國 黃光雄 黃昆輝
黃政傑 楊維哲 葉海煙 葉國良 廖達琪
劉滄龍 黎建球 盧美貴 薛化元 謝宗林
簡成熙 顏厥安（以姓氏筆畫排序）

策劃 楊榮川

五南圖書出版公司 印行

經典名著文庫

學術評議者簡介（依姓氏筆畫排序）

- 丘為君　美國俄亥俄州立大學歷史研究所博士
- 吳惠林　美國芝加哥大學經濟系訪問研究、臺灣大學經濟系博士
- 宋鎮照　美國佛羅里達大學社會學博士
- 林玉体　美國愛荷華大學哲學博士
- 邱燮友　國立臺灣師範大學國文研究所文學碩士
- 洪漢鼎　德國杜塞爾多夫大學榮譽博士
- 孫效智　德國慕尼黑哲學院哲學博士
- 秦夢群　美國麥迪遜威斯康辛大學博士
- 高明士　日本東京大學歷史學博士
- 高宣揚　巴黎第一大學哲學系博士
- 張光宇　美國加州大學柏克萊校區語言學博士
- 張炳陽　國立臺灣大學哲學研究所博士
- 陳秀蓉　國立臺灣大學理學院心理學研究所臨床心理學組博士
- 陳思賢　美國約翰霍普金斯大學政治學博士
- 陳清秀　美國喬治城大學訪問研究、臺灣大學法學博士
- 陳鼓應　國立臺灣大學哲學研究所
- 曾永義　國家文學博士、中央研究院院士
- 黃光國　美國夏威夷大學社會心理學博士
- 黃光雄　國家教育學博士
- 黃昆輝　美國北科羅拉多州立大學博士
- 黃政傑　美國麥迪遜威斯康辛大學博士
- 楊維哲　美國普林斯頓大學數學博士
- 葉海煙　私立輔仁大學哲學研究所博士
- 葉國良　國立臺灣大學中文所博士
- 廖達琪　美國密西根大學政治學博士
- 劉滄龍　德國柏林洪堡大學哲學博士
- 黎建球　私立輔仁大學哲學研究所博士
- 盧美貴　國立臺灣師範大學教育學博士
- 薛化元　國立臺灣大學歷史學系博士
- 謝宗林　美國聖路易華盛頓大學經濟研究所博士候選人
- 簡成熙　國立高雄師範大學教育研究所博士
- 顏厥安　德國慕尼黑大學法學博士

經典名著文庫143

論政治平等

On Political Equality

羅伯特・道爾 著
（Robert A. Dahl）
張國書 譯

經典永恆・名著常在

五十週年的獻禮・「經典名著文庫」出版緣起

總策劃

五南，五十年了。半個世紀，人生旅程的一大半，我們走過來了。不敢說有多大成就，至少沒有凋零。

五南忝爲學術出版的一員，在大專教材、學術專著、知識讀本出版已逾壹萬參仟種之後，面對著當今圖書界媚俗的追逐、淺碟化的內容以及碎片化的資訊圖景當中，我們思索著：邁向百年的未來歷程裡，我們能爲知識界、文化學術界做些什麼？在速食文化的生態下，有什麼值得讓人雋永品味的？

歷代經典・當今名著，經過時間的洗禮，千錘百鍊，流傳至今，光芒耀人；不僅使我們能領悟前人的智慧，同時也增深加廣我們思考的深度與視野。十九世紀唯意志論開創者叔本華，在其〈論閱讀和書籍〉文中指出：「對任何時代所謂的暢銷書要持謹慎的態度。」他覺得讀書應該精挑細選，把時間用來閱讀那些「古今中外的偉大人物的著作」，閱讀那些「站在人類之巔的著作及享受不朽聲譽的人們的作品」。閱讀就要「讀原著」，是他的體悟。他甚至認爲，閱讀經典原著，勝過於親炙教誨。他說：

> 「一個人的著作是這個人的思想菁華。所以，儘管一個人具有偉大的思想能力，但閱讀這個人的著作總會比與這個人的交往獲得更多的內容。就最重要的方面而言，閱讀這些著作的確可以取代，甚至遠遠超過與這個人的近身交往。」

爲什麼？原因正在於這些著作正是他思想的完整呈現，是他所有的思考、研究和學習的結果；而與這個人的交往卻是片斷的、支離的、隨機的。何況，想與之交談，如今時空，只能徒呼負負，空留神往而已。

三十歲就當芝加哥大學校長、四十六歲榮任名譽校長的赫欽斯（Robert M. Hutchins, 1899-1977），是力倡人文教育的大師。「教育要教眞理」，是其名言，強調「經典就是人文教育最佳的方式」。他認爲：

> 「西方學術思想傳遞下來的永恆學識，即那些不因時代變遷而有所減損其價值

的古代經典及現代名著，乃是眞正的文化菁華所在。」

這些經典在一定程度上代表西方文明發展的軌跡，故而他爲大學擬訂了從柏拉圖的《理想國》，以至愛因斯坦的《相對論》，構成著名的「大學百本經典名著課程」。成爲大學通識教育課程的典範。

歷代經典．當今名著，超越了時空，價值永恆。五南跟業界一樣，過去已偶有引進，但都未系統化的完整舖陳。我們決心投入巨資，有計畫的系統梳選，成立「經典名著文庫」，希望收入古今中外思想性的、充滿睿智與獨見的經典、名著，包括：

- 歷經千百年的時間洗禮，依然耀明的著作。遠溯二千三百年前，亞里斯多德的《尼各馬科倫理學》、柏拉圖的《理想國》，還有奧古斯丁的《懺悔錄》。
- 聲震寰宇、澤流遐裔的著作。西方哲學不用說，東方哲學中，我國的孔孟、老莊哲學，古印度毗耶娑（Vyāsa）的《薄伽梵歌》、日本鈴木大拙的《禪與心理分析》，都不缺漏。
- 成就一家之言，獨領風騷之名著。諸如伽森狄（Pierre Gassendi）與笛卡兒論戰的《對笛卡兒沉思錄的詰難》、達爾文（Darwin）的《物種起源》、米塞斯（Mises）的《人的行爲》，以至當今印度獲得諾貝爾經濟學獎阿馬蒂亞．

森（Amartya Sen）的《貧困與饑荒》，及法國當代的哲學家及漢學家余蓮（François Jullien）的《功效論》。

梳選的書目已超過七百種，初期計劃首爲三百種。先從思想性的經典開始，漸次及於專業性的論著。「江山代有才人出，各領風騷數百年」，這是一項理想性的、永續性的巨大出版工程。不在意讀者的眾寡，只考慮它的學術價值，力求完整展現先哲思想的軌跡。雖然不符合商業經營模式的考量，但只要能爲知識界開啓一片智慧之窗，營造一座百花綻放的世界文明公園，任君遨遊、取菁吸蜜、嘉惠學子，於願足矣！

最後，要感謝學界的支持與熱心參與。擔任「學術評議」的專家，義務的提供建言；各書「導讀」的撰寫者，不計代價地導引讀者進入堂奧；而著譯者日以繼夜，伏案疾書，更是辛苦，感謝你們。也期待熱心文化傳承的智者參與耕耘，共同經營這座「世界文明公園」。如能得到廣大讀者的共鳴與滋潤，那麼經典永恆，名著常在。就不是夢想了！

二〇一七年八月一日 於

五南圖書出版公司

導讀

提振公民精神以挽救政治平等——「民主先生」道爾生平的最後呼籲

臺大政治系教授陳思賢

道爾（Robert Dahl, 1915-2014）是美國最著名的政治學者之一，也是二戰之後美國行爲主義「新政治學」的領航者。他一生致力於民主的研究，正如同行在其逝世之紀念誄辭所言，讚譽他「從哲學與科學著手，精研人類的政治生活」。而這本二〇〇七年出版的《論政治平等》，大概是他晚年（已九十二歲）尚能提筆時對美國民主政治的最後諍言了。

這本書雖然有著一個學術上再通常不過的標題：「論……」，但其骨子裡卻是一篇充滿了焦慮與殷殷期待的警語，是一個不久於人世的老人、政治學者與美國公民，對於這個國家未來走向的沉痛呼籲。它並不像《論政治平等》這個書名之表面看起來這麼平和與冷靜（就像大多數學術著作給人的感覺般）。

這本書的邏輯很簡單：「民主政治的根本前提就是政治平等，但即使是美國的政治平等亦不算理想，而在目前之資本主義政經體制下，未來能否改善？前景也不樂觀，甚至有惡化之可能，除非……。」這個「除非」，就是老人整本書要傳達的訊息！其實書中擔憂悲觀之情瀰漫。

道爾在本書其中一章的結論中說到：「是的，政治平等（照我看來）是我們應該戮力以赴的理想，也是一種我們必須以行動支持的道德責任。但同時，阻礙政治平等的障礙卻又是那樣地巨大——確實，它眞的巨大到幾乎可以確定我們永遠無法充分達成政治的平等。」如果一個當代民主社會其實是無法充分達成政治平等的，那我們能做的爲何？道爾認爲我們也得要盡量設法接近政治平等，這就是一個政治學者所能貢獻的。

在本書的啓始，道爾首先討論政治平等是一個「合理的目標」嗎？他前半生的研究已經對此問題給了肯定的答覆：政治平等是可欲的、可行的目標，但也必須與必要的民主權利一併被維護，也就是當大多數人都能平等地參與政治過程後，「多數決規則」不能侵害人的根本權利，它只有爲了更能達成政治上的平等時，才有其正當性。

但本書接下來，就進到一個比較困難的問題：政治平等眞能達成嗎？我們的理性都知道政治平等是應該的，可欲的，但是道爾不斷地強調：「（對某些人而言）我們並非被我們的理性所驅使，而是被我們的感受、情緒、激情——隨便你愛怎麼叫它們——所驅動的。」因此在現實生活中，我們的「同情心」與「同理心」並非時時都可激發我們的行動去改正「政治不平等」現象。也就是說，人與人之間對會採取行動的可能性是不同的，而世代間可能也不一樣。因此，就人類的「心理層面」與情感「趨力」（drive）而言，即使我們都知道政治平等是可欲的價值，但是我們是否眞正能以行動促其實現，卻是不確定的。

在另一方面，現存立基於資本主義市場經濟的自由主義民主制度本身也造成了政治平等實現上的障礙：「市場經濟不可避免地、經常地造成對於某些公民的嚴重損害。透過非常不平等的資源分配，市場資本主義也在民主國家的公民中無可避免地孕育出政治不平等。」「然而，現代民主國家卻沒有任何切實可行的足以取代市場資本主義經濟的替代方案。」

這是一個每天都在發生的現象，隨著經濟活動的進行，公民們在政治上的資源與地位也不斷地在變動與消長。資本主義創造出財富不平等，也會連帶影響產生政治的不平等。最明顯的莫過於財閥干政的金權政治。自由主義民主建立在代議制度與定期選舉之上，而政治領導者與代議士的定期選舉正好給了利益團體與遊說團體影響政治的大好機會。現代的選舉需要愈來愈龐大的競選經費，這些競選經費與募款成果有時甚至成爲競選的門檻。資本、利益與政治的勾結就從此處開始，而政治人物對上述金錢援助的回報自然就表現在政策與立法上面。二〇〇八年的金融海嘯就是血淋淋的例子，政客們透過法令的鬆綁讓財團爲所欲爲，甚至到了坑殺小老百姓血汗積蓄的地步，而最後泡沫化帶來的金融機構破產與倒閉也是全民買單，事後竟完全沒有究責。遊說與利益輸送帶來了政治監控機制的失效與責任政治的架空，一般人民完全束手無策，這自然是一種政治不平等。一個民主國家的政治機器現在全然由少數人（政客加財團）玩弄於股掌中，但是一切似乎又在正當程序與法律規範下進行，這就是道爾的深深憂慮之處了。他作爲一位動見觀瞻的知名政治學者，也曾在政府中任事，因此不便對美國政治現狀講得太白、批判太尖銳，但卻在書中別具用心地引用了一九六二年時一些年輕大學生們發表的一個所謂《休倫港口宣言》：「……我們隸屬於一種遙控式經濟，這種體制不讓那眾多的個體『單元』——即人民——做出任何基本的、對工作的性質和組織、報酬與機會有所影響的決定。」

他認爲，政治資源的不平等，都是源出於市場經濟的資源不平等，或是被其所強化。這個理由很簡單：「市場經濟——無論如何，一個資本主義市場經濟——不可避免地會在公民中產生巨大的資源不平等。這些不平等不只在於收入和財富，甚至直接及間接地，對資訊、地位、教育、接觸政治菁英的管道、和許多其他方面，都產生影響。」這個道理很簡單，因爲在一個現代社會中，資源的呈現方式很多元，而且我們在社會上生存與活動也需要多元的資源，而以上這些資源，「都屬於容易轉換成政治資源的資源，亦即可以被用來獲得對他人產生影響力、權威和權力的資源」。簡言之，資本主義的市場經濟社會，會令缺乏資源的人之處境如滾雪球般惡化，也著實常會令所謂一般平民陷入對重大政治與經濟決策的「集體無力感」。

更糟糕的是，目前存在世界上的一些重要國際體系的特質，也在此時使得國內政治不平等的問題雪上加霜。道爾精確地對於國際體系——例如國際貨幣基金會（IMF）、世界銀行（World Bank）、國際勞工組織（ILO）、世界貿易組織（WTO）、世界衛生組織（WHO）等——對政治平等所造成的影響，用三個簡單的陳述表達出來：

1. 它們制定了對於民主國家的公民及其他一些人產生重要後果的決定。
2. 它們做出的許多決定能導致高度理想的結果。
3. 但是它們的決定既不是也可能無法以民主方式來制定。

自不待言，其中第一項與第二項是大家普遍都能理解的。最關鍵的就是第三點：國際組織的決策經常乃是由大國所操控，由組織中的官僚與菁英來主導運作與方向。道爾指出，在國際組織中，「對決策者的有效民主控制，是顯著缺乏的，或是衰弱到可說完全不相干的地步」。關於此點，我們已經在二〇二〇年全球肺炎疫情中，看到世界衛生組織的各種顢頇表現。而如果國際組織的內部決策性質是這樣，那對各國國內的影響會如何？道爾警告：「那麼我們就會面對一種深刻的、嚴重的對民主的挑釁，進而危及政治平等。」

其實西方國家的有識之士及許多年輕人，並非對於資本主義市場經濟所帶來的若干負面政治社會影響沒有試圖抵抗過。現今市場經濟時代的許多弊病源自於消費主義（consumerism），所以不論是早期的嬉皮「反文化」（counter-culture）運動，提倡心靈淨化的「新時代」（New Age）運動，或是環境生態主義者所提倡的愛惜資源、愛地球、永續發展運動等，都有助於我們壓制消費主義心態的猖獗蔓延，而它正是資本主義經濟的最大動力。只要資本主義繼續讓經濟不平等持續，政治不平等的問題難以根本改善。

但是道爾作爲一個政治學者，他在本書最後提出了一個源自政治面向上的解決改善方案，那就是謀求一般平民在「公民精神」（citizenship）上的發揮。也就是說，要讓大家普遍了解：勇於表達心聲、參與政治、監督菁英、更積極投入公共事務與議題，那麼「他們自己的生活品質，可以被公民的行動所提升。」發揚「公民精神」，這是個早在政治哲學界討論了數十年的問題；道爾在學術的分類上並非政專業的治哲學家，因此他在本書中只有用了最後一章的最後一節來提出他的解方，並未做太多的解釋，但是這的確是改善政治不平等的「金匱良方」。在全書中我們不難發現，道爾對於政治平等的實現有一種憂慮與悲觀，隱現於字句間。他在書尾彷彿是「奮力一搏」，提出了尋求轉機的唯一可能。他的結論是完全正確的，而且將會是有效的。這本書的出版與他追求政治平等對策的提出，終將會證明道爾是卓越的政治學家與對美國民主的貢獻。哲人已遠，他不愧是美國的「民主先生」（Mr. Democracy）。

前言

在這本小書裡，我回過來討論一個主題，一個我長期關心，並且在之前的作品裡經常討論的主題——政治平等。爲了替後來的章節提供基礎，我在本書第二章裡大量引用了這些早期的作品。因此對我早先作品比較熟悉的讀者可能會想盡快瀏覽該章，或甚至完全跳過，直接去看本書其餘部分。

正如我在早期作品內所強調的，民主政治的根本前提就是政治平等。然而，政治平等的意義和它與民主的關係，以及公民所能用來影響公眾決定的資源的分配，在我看來，仍然未被清楚理解。更進一步，就像民主的理想本身一樣，而且事實上就像大多數的理想一樣，某些基本的人性和人類社會的層面，會阻礙我們在一個民主國家的公民中達成政治平等。然而，身處人類歷史最深刻的變化之一，從十八世紀末以來，民主和政治平等已經在全世界發展得非常快速。

我們要如何理解這種驚天動地的變化？我在這裡主張，如果一定要做出解釋的話，我們必須探究那些驅使人們行動的基本人性特質——在這裡，就是支持政治平等運動的行動。

然而，這些基本的本能驅使（drive）於其中運作的世界，越來越不同於前幾世紀的世界（甚至包含二十世紀）。那麼，二十一世紀的世界又會對政治平等有多友善呢？

如果我們把焦點放在美國，答案是不清楚的。在最後一章裡，我提供了兩種完全不同的腳本，一個悲觀，另一個則充滿希望；隨便哪一個，我相信，都相當有可能發生。在第一個腳本中，強有力的國際和國內力量將我們推向一不可逆轉程度的政治不平等，且將大量地損害我們現有的民主機制，使得民主和政治平等的理想變得幾乎完全文不對題。但在另一個比較充滿希望的腳本裡，一個非常基本且強有力的人性的本能驅使——對福祉或愉快的渴望——會促進一種文化轉變。由於人們逐漸覺醒，競爭性消費主義之強勢文化並不能使人更加快樂，因此，一個強烈鼓勵美國公民朝向更高政治平等移動的公民精神之文化將會取而代之。

這些預測中的哪個會實現，取決於未來幾代的美國公民。

致謝

在寫這本小書的過程中獲得了許多人的幫助。大衛・梅休（David Mayhew）和伊安・沙皮洛（Ian Shapiro）對我早期草稿細心周到的意見，不僅幫助我改進了正文，同時也鼓勵我繼續對本書正文進行大幅修改。在讀過那份早期草稿之後，伯恩特・哈格瓦特（Bernt Hagtvet）提供給我極有幫助的意見，並大力促成本書的出版。史蒂芬・史密斯（Stephen Smith）過目原始草稿後所提出的指正，讓我免除掉一些錯誤。在詳細考慮以及對珍妮弗・霍克希爾德（Jennifer Hochschild）和弗雷德・格林史丹（Fred Greenstein）（他們審讀了我提交給耶魯大學出版社的修訂本）所做的非常切要且詳細的建議做出回應之後，我決定進行一個相當大的、使架構更能前後一致的大幅改寫，而相信這個決定將使得全文看來更加連貫。史蒂芬・卡普蘭（Stephen Kaplan）和莫利・劉易斯（Molly Lewis）承擔了相關的研究工作，並且製造了初稿裡的全部數據和圖表。麥克・科皮奇（Michael Coppedge）的慷慨，使我的人情債又水漲船高許多，因爲他提供給我那些作爲好幾個數據圖表之依據的國家排名。還有，正如我在註腳和最後一章裡所指出的，我深深感激羅伯特・連恩（Robert Lane）的重要貢獻，在他自己的寫作過程中以及在我們經年累月的談話過程中，讓我對人類福祉的來源能有所理解，而那是本書最後一章的重點。最後，我想感謝耶魯大學出版社的約翰・朵那提（John Donatich）和基斯・康登（Keith Condon），在我持續修正我的文本之時，給我的熱心鼓勵及耐心，當然，還得感謝體貼和不厭其煩的編輯傑弗・希爾（Jeff Schier）。

目次

第一章 導論

在有書寫歷史記載的大部分時間裡，這個「所有成年人類在政治上都應被平等對待」的理念，廣泛地被很多人認為是不言而喻的無稽之談，更甚者，被許多統治者認為是危險且具破壞性的主張，而必須加以鎮壓。

但是，從十八世紀以來就一直茁長的民主理念和信仰，已經把這個原本具破壞性的主張轉化成一般的老生常談了——可以說普遍到，即使是完全不可能實踐這個主張的獨裁者，在公開宣傳其意識形態口號的時候，也可能把政治平等掛在嘴邊，說得響亮。

不過，就算是在民主國家中，任何一個有心觀察政治現實的公民，都可以做出如下結論：關於政治平等，理想目標和眞實成果之間有著巨大的鴻溝。在某些民主國家，包括美國，這鴻溝還在日益擴張，甚至有大到讓目標和眞實成果之間變成風馬牛不相及的危險。

達成政治平等的理想眞的就那麼超越人類本性嗎？我們該現實點，找個比較容易達成且比較可行的目標嗎？或者，在我們有限的人力範圍裡能有些改變，從而使理想和眞實現狀之間的鴻溝大大縮小？

要完全回答這些問題，將遠遠超出這本小書的討論範圍。我先從假定民主理念的預設是**希望達成政治上的平等**開始。接下來，如果我們相信民主政治是一個目標或理念，那麼毫無疑問地，我們也必須視政治平等爲一個**目標或理念**。在我先前的一些著作裡，我已經說明過，爲何這些假設對我而言不但理由充分，而且也提供了我們在人力可及的範圍裡被認爲是可行且實際的目標。[1]本書第二章裡，在提供對上述主張的支持理由時，我將會大量引用我先前著作裡的相關論述。

在之後的其他章節裡，我想提供一些更進一步的闡述來說明，爲何政治上的平等是個可行及可達的目標。而歷史上「民主」系統的發展，也提供了重要的證據，還有公民權的擴張，更含括了越來越多的成人。這些政治平等的發展是非凡的、史無前例的，爲了幫助我們了解其背後的發展原因，在第四章裡，我將強調一些常見的——甚至是普世的——**人類本能驅使**（human drives）的重要性。

但是，如果這些基本人類素質和能力讓我們相信政治上的平等是可行的

（即使並非完全可達）目標，那我們同時也必須考慮到——正如我在第五章中會提到的——某些關於人類和人類社會的根本特性會對**政治平等**造成**持續的障礙**。

如果我們把注意力放在美國未來的政治平等，可以預見的實際未來是，**新生的障礙將會大幅擴大美國公民彼此間的政治不平等**。第六章裡我將探討這可能的未來。

在最後一章裡，我將討論一個替代方案，以及一個比較有希望的未來，在其中某些基本的人類本能驅使，或許能創造一個文化轉換，從而導向**實質性地降低種種目前壓倒性地存在於美國公民間的政治不平等**。

要預測未來會如何是超出我能力範圍的，但我可以自信地說：我們，及我們的後繼者，無論是個人的或集體的努力與行動，對結果如何產生，將有舉足輕重的影響。

◆ 註釋 ◆

【1】特別是，*Democracy and Its Critics* (New Haven: Yale University Press, 1989), pp. 30-33, 83-134; *On Democracy* (New Haven: Yale University Press, 1998), Chs. 4-7: 35-80; *How Democratic Is the American Constitution*? (New Haven: Yale University Press, 2001), pp. 130-139。

第二章　政治平等是一個合理的目標嗎？

如果我們提出兩個假設，而且，不管是其中哪一個，都很難以合理及公開的論述加以反對，那麼，除了政治平等和民主之外，我們很難再找到其他這樣強而有力的假設了。前者屬於道德判斷，認爲所有人生而平等，沒有人在本質上比別人更優越，以及每個人的善和利益都該被賦予相等的考慮。[1]我稱此爲本質平等（inrtrinsic equality）的假設。

如果我們接受這項道德判斷，一個非常麻煩的問題就立刻會浮現：是誰或是哪個團體，最有資格來決定一個人的眞正的善或利益到底爲何？當然，這答案主要要視情況而定，另外還要看是怎樣的決定，以及有哪些人牽扯在內而定。但是，如果我們把焦點限制在一個國家的政府上面，那麼，在我看來，最安全和最謹慎的假設大概會像這樣子：在成人之間，沒有誰一定比其他人更有統治的資格，並因此被賦予凌駕於這一國家的政府之上的完全及終極的權力。

雖然我們大可對這一個謹慎的假設加以合理的增添刪減，但是至少有三個理由，使得那些實質上與之相反的主張很難成立。首先，艾克頓爵士（Acton）那句時時被引用的名言看來確實表達了一個關於人性的眞理：「權力導致腐敗，絕對的權力導致絕對的腐敗。」不管統治者在初登基時的本意有多好，任何當初口口聲聲「爲大眾利益」服務的承諾，隨著時光的流轉，這所謂的「大眾的利益」隨時可能變身，成爲他們維持自身權力和特權的藉口。第二，約翰．斯圖亞特．密爾（John Stuart Mill）有這麼一句名言，對於眞相——如果你喜歡的話，也可以說是合理可證成的判斷——的追求，自由討論及爭辯是不可或缺的，同樣地，公民可以自由討論及反對領導者政策的，一個政府如果不受這樣的公民所監督，很可能做出錯誤決策，甚至有時會造成不堪設想的後果，現代的一些獨裁政權已經很充分地證實了這點。[2]最後，回顧一下這最重要的史實，歷史上有數量龐大的人民，未曾享有公民權——難道至今還有人眞會相信，如果不允許工人階級、女性，及少數民族參與政治，那些統治他們的特權階級，眞的會充分地考慮及保護他們的利益嗎？

我不是說那些提供了更理想的政治平等的偉人們，心裡都想著我剛才說的那些理由。我想說的只是，道德的與謹慎的判斷，是強力地支持著政治平等，認其爲可欲及合理的目標和理想。

政治平等與民主

如果我們歸納出說，政治上的平等對治國有利（雖然這未必適用於其他形式的人類團體），那要如何才能取得此種平等？民主政治，幾乎無庸置疑的是其正當性及政治制度係唯一由政治平等理念而生的政治體系。但，要有怎樣的政治制度才能使一個政治體系夠資格成爲民主政治？又爲什麼得是這些制度？

理想 vs. 實際

我相信，除非我們先把一個理想的民主政治之概念建立起來，否則無法很好地回答上述問題。就像亞里斯多德覺得，有必要先將他的三個理想的基本規範描述清楚，才能對實際的體系加以分類一樣。先把理想的民主政治的模型描述出來，藉此提供可讓眾多實際的體系加以比較的標準。除非我們先有了一個可用以對照實際狀況的民主政治的理想概念，不然我們的理論將流於循環論證，而且根本就是武斷的。舉個例子：這就好像說「因爲美國、英國、法國、和挪威都是民主政體，因此，它們彼此之間所有的類似的政治制度，必定是達成民主政治之必要條件；然後，因爲這些國家擁有這些政治制度，所以他們必然是民主政體」。

要知道的是，一個對「理想」系統的描述能達到兩個不同但可完全相容的目標，一是去協助實證的或是科學的理論，另一個則以提供理想的終極或目標，來幫助我們做出道德判斷。這兩者經常混淆不清，故而符合第一個目標的「理想」，不見得能是第二個目標的理想。

在實證的理論裡，一個理想系統的功能是，去描述該系統在一套完美（理想）的狀況下的特徵或操作方式。伽利略（Galileo）推想在眞空中物品墜落的速率——亦即，在理想狀況下——是由測量一粒彈珠在傾斜平面滾落的速度而來。很顯然地，他並未也無法在眞正的眞空中測量該彈珠墜落的速度。但是他所提出的落體速率法則至今仍有效適用。在物理學裡，對一個物體或力量在完美狀態下的標準行爲做出假設並不罕見，雖然符合假設的理想狀況可能無法在實際的實驗裡做到完美，但也還是可以做到令人滿意的程度。借用此一精神，當德國社會學家馬克斯・韋伯（Max Weber）描述「三種純粹類型的正當權威」時，他評論道：「上述分類的有用與否，只能從它們促進系統性分析的成果來判斷……這三種理想型沒有任何一種……通常會在歷史實例中以『純粹的』形式被找到過。」[3]

在第二目標裡的理想，被理解爲一個可欲的目標，一個雖然在現實裡可能無法達成的目標，但卻是一個人們應該追求的標準，同時，我們也應該能以該標準來測量那些已實現的，或眞實存在的善或價值。

對民主的定義或描述可能只對第一目標有用；或者它也可用在第二目標上。作爲實證理論的協助，一項民主觀大概不會來自它的倡導者，反而可能是來自於它的批評者，而這批評者，大概會認爲連理想模範都還不夠好，或是覺得它虛無飄渺，因爲目標與任何可能令人滿意的眞實之間的鴻溝實在太巨大了。

理想的民主體制

雖然一個理想的民主政治可以用不同方式描繪，一個通常的起點是從這個字彙的字根字源來探討：*demos* + *kratia*，被「人民」統治。至於是哪些「人民」被賦予完全的政治平等，這個問題在這裡就先不討論。暫且不用「人民」一詞，讓我簡單地先用這個比較中性的詞「人群」（demos）就好。

我相信，一個理想的民主政治至少須具備下列幾個條件：

- 有效的參與。在一個政策被組織採用以前，所有的組織成員，都必須有平等且有效的機會，對該政策應該如何做成，向其他成員表達其意見。
- 平等的投票權。當要做最後決定的關頭，每個組織成員都有平等且有效的機會來投票，而且每票都平等。
- 得到充分體會的了解。在一段合理的時間內，每個組織成員都有平等且有效的機會，來了解與該政策相關的替代方案以及可能的後果。

- 對議程的終極控制。人群有排他性的權力來決定組織成員如何選擇議題並將其排上議程，如此來確保前面說過的民主過程的三個條件不會被架空。如果人們願意，組織的政策是可以改變的。
- 包含。這一「人群」中的所有成員都有權利參與剛才說過的那些事情：有效的參與、平等投票權、尋求對議題充分體會的了解，以及行使對議程的終極控制權。
- 根本權利。理想民主政治裡的每個必要的特徵，都建議一個相對應的權利，而該權利是此一理想民主政治秩序裡必要的一部分，像是：參與的權利、每票都具備同等價值的權利、知的權利（人們有權去尋求必要的知識以了解議程上的議題），以及有權與其他人在平等的地位上參與，從而能對議程做出最後決定。民主包含的不只是政治過程，它同時還是一個根本權利之體系。

眞實的民主體制

從亞里斯多德到盧梭，還有後來的政治哲學家們，大致上都堅持，沒有任何眞實的政治體系能夠完全符合理想系統的諸多要求。雖然，爲了使一個政治體系能獲得相對高度的民主，眞實的民主政治裡的那些政治制度可能是**必要的**，但這些制度，大概無法（事實上幾乎可以說確定無法）**有足夠的能力**來達到完美或理想的民主境界。但是，這些制度還是讓我們朝理想邁進了一大步，大概就像早年在雅典一樣，當時的公民們、領袖們，以及政治哲學家們將他們的體系定位爲民主——亦即一個眞實（如果尚稱不上理想）的民主，或是像美國，托克維爾（Tocqueville）及其他美國或他國大多數的人，都毫不猶豫地將其指稱爲民主。

如果一個組織很小（人少或地小），那麼集會制民主的政治制度，就很能夠被認爲是可以符合「民治」要求的。公民們對呈現到他們面前的建議，能夠自由地充分了解。他們可以與他們的同儕們討論政策和建議，及向其他資訊比較豐富的成員們尋求相關訊息，還有查找書面或其他資料來源。他們能夠在一個方便的地方會面——雅典的普倪克斯山丘（Pnyx Hill）、羅馬的市政廣場、威尼斯的杜卡廣場（the Palazzo Ducale），或是在新英格蘭一個小村莊裡的市政廳。在那兒，在中立的主席的指導下，他們可以在合理的時間限制內進行討論、辯論、增刪，以及提出建議。最後，他們還能投票，所有的票都同等價值，然後由多數決定。

很容易可以看出來，爲什麼有時候人們會認爲，集會制民主遠比代議制民主更接近於理想民主，也爲什麼那些最熱情的集會制民主提倡者會堅持，如同盧梭在《社會契約論》裡主張的，**代議制民主**一詞根本就是自我矛盾的。不過，像這樣的主張在很多政權輪替的場合裡卻沒能爭取到多少信奉者。

代議制民主中的政治制度

縱貫十九和二十世紀期間，在歐洲及其他英語國家，一套用以配合代議制民主的政治制度逐漸進化出來，而且這整個的發展可說是人類歷史上史無前例的。[4]先不管各個憲政結構的重要差異點，這些基本政治制度在廣義的大綱上還算類似，最重要的如下：

- 重要的政府決定和政策，是直接或間接由大眾選舉產生的官員所採納，或須負責的。
- 公民們有權自由參與公平且定期舉行的選舉，而且在其中，個人意志通常不會被扭曲。
- 公民們有權競選並擔任由選舉產生的官職，雖然可能會有年齡或居住地的限制，而使得並非人人都能競選。
- 公民們能公開表達他們對相當大範圍的與政治相關的各項主題的意見，而不用擔心會受到嚴厲處罰。
- 所有的公民都有權能夠尋求獨立的訊息來源，消息不管是從其他公民那裡來的，從報紙，或從其他許多消息來源都行。更進一步，不受政府或任何單一團體控制的消息來源確實存在，而且，它們的存在及表達自由都有效地受到法律的保障。

- 早期的民主或共和理念，普遍強調認爲若政治分裂，「派系」是危險而必須避免的，但現在的民主理念卻與之大相逕庭，不管是理論或是實踐都強調，爲了使公民能夠確實享有他們該有的權利，集會和結社權必須進一步被保障，他們應該能夠參與和組織在某程度具獨立性的社團和機構，包括獨立的政黨和利益團體。

這些政治制度在不同的國家，於不同的政治和歷史情境中發展，而且它們不見得都只是在對民主的渴求中建立的。不過，逐漸明顯的是，這些制度是一個比較大的政治單位（比如國家），因爲太大而無法實行直接集會民主制，卻又想達成還可以的民主體制時，所必須具備的。

實際（大範圍而言）的民主政治之體制，和理想的民主政治之必需條件之間，其關係可以簡述如下：

表2.1

在一個大如國家的單位裡，下述這些政治制度實屬必要	以便滿足理想的民主政治之判準
1.經由選舉產生的代表	有效的參與 能操控議程
2.自由、公平、及經常舉辦的選舉	每票都平等 有效的參與
3.言論自由	有效的參與 能有充分體會的了解 能操控議程
4.多元的消息來源管道	有效的參與 能有充分體會的了解 能操控議程
5.能自主地集會	有效的參與 能有充分體會的了解 能操控議程
6.能把群衆裡所有成員都包含進來	有效的參與 每票都平等 能有充分體會的了解 能操控議程

對人群之權力的正當限制

如果某些公民反對某些政策，誰的意見應該作爲最後的結論？在民主政體裡，標準答案應該是，遵照多數公民的意願來作決定，那麼，在代議制度裡，就是由立法機構裡多數的人民代表來決定了。因爲多數決規則及其合理化理由，已經在約翰・洛克那時候，就被仔細地，而且我相信，具說服力地分析過了，至今仍然有效。所以我就不用對多數決再多作解釋了，只除了強調一點：除了多數決之外，似乎沒有其他的法則能眞正配合「所有公民應有權在政治上被平等對待」的假設。雖然多數決也不是沒有問題的，不過那些問題不是我們在這裡要討論的。[5]

現在回到我們的重點問題：如果我們假設，人群裡的成員資格和必要的政治制度都已經被圓滿地建立起來了，那麼，群體的立法權力，應該受到什麼樣的適當**限制**？更精確地說應該是，群體裡的**多數**成員的立法權威，應該受到什麼樣的適當限制？

必要的民主權利

如果我們相信代議制民主政治，在大型政治體系裡有其可欲性和可行性，而且如果那些我剛剛提過的政治制度，以及他們應該相應配備的權利，是代議制民主政治所必要的。那麼，接下來，我們就該認爲，某些會顯著地弱化或甚至摧毀那些民主權利的行爲，是不能被正當化的，甚至應該被排除在多數決所能行使的立法或立憲的權威之外。雖然，要仔細談論這個議題，會有點超出我想討論的範圍，但是依照直接了當的邏輯來看，很明顯地，**爲維持民主政治自身必須有的根本權利**，不能被多數決的立法方式來侵害，也就是說，不能僅僅基於政治平等原則，就可以證成這種做法。簡單地說，如果我們同意下面的假設：

1. 達成政治上的平等是個可欲、可行的目標。
2. 多數決規則只在爲了達成政治上的平等時，才有其正當性。

3. 一個民主的政治體系，是達成政治平等的必要（雖非充分）條件。
4. 以及，爲充分建構一個民主的政治體系，某些權利是必要的（雖非充分）。

那麼，接下來的就是：

- 如果否定或侵害那些必要的權利，就會損害該民主政治體系。
- 藉由損害民主政治體系，這些對必要的權利的否定或侵害，也將會損害政治上的平等。
- 如果對多數決規則的證成，只在於它是達成政治平等（如上述第二點的假設）所需之工具，那麼，對那些會損害民主體系之必要權利的行動，是無法用多數決規則之原則，來加以合理地證成。

如此說來，多數權威可能以行動摧毀民主體系之存在所不可或缺的體制——如言論自由——對這種權威加上某些限制，並不會和民主理念發生衝突。舉例而言，這就是將《權利法案》融入具體憲法的意圖，所以憲法不能以普通多數來修改，百分之五十加一是不夠的，得要由**超級多數**的同意才能修改憲法。

當然，按照邏輯來說，即便是符合修憲要求的超級多數裡的成員，也不太可能一邊相信民主政治的可欲性，同時，一邊又去支持那些會摧毀屬於民主政治之前提的基本權利（如言論自由、自由公平選舉，及其他前述列舉權利）的憲法修正案。

在這裡，我們跨過了從**應然**到**實然**的門檻。實證顯示，在真實的世界裡，如果一個民主國家中有壓倒性多數的公民，一直相信某項民主政治所必需的權利是不受歡迎的，而且應該極力限制或甚至加以取消，那麼，這個權利很可能就會被禁止了。在這種情況下，即使是一個獨立的司法系統，也沒有辦法強力持續地對抗這些（限制基本權利的）民主權利的行使。當某個「人群」停止相信那些維持民主所必需的權利是應該追求的，這樣一來，他們的民主很快就會變成寡頭政治或專制。

然而，其實還有另外一條可以由民主通向專制的快速道路。這樣說好了，即使這一「人群」中的大多數成員**相信**根本權利的重要性，但如果他們不去採取那些必要，且可以保護及保存這些權利的**政治行動**，那麼，這些權利就可能被那些擁有更多政治資源以攫取其政治目的的政治領導人物給鯨吞蠶食了。

政治平等是可行的目標嗎？

我們的觀察提供了一個非常基本但也非常麻煩的問題：就算我們相信，政治平等是個高度可欲的目標，而且這目標最有希望在一個民主的政治體系裡被達成，但是，這目標真的能被達成嗎——即使是在一個民主體系中？還是說，人類和人類社會的某些根本面向，是不是給政治平等帶來巨大的障礙，以致於對所有實際的目標來說，這目的難以而且未來依然難以達成，因此我們索性放棄算了？

像美國，就給政治平等的理論與實際之間的巨大鴻溝，提供了一個非常明顯的例證。在一份本來會被認爲是囉唆冗長的，詳列了大不列顛國王所強加的「反覆的傷害和篡奪」的文件的第二段，我們就發現了這有名的，假設是自明之理的主張，那就是：所有男人（men）生下來都是平等的。美國《獨立宣言》的作者們，以及在一七七六年七月，投票通過此宣言的那五十五位第二屆大陸國會的代表們，毫無疑問地，都是男人。他們中間沒有一個人，有過任何輕微的念頭，想把這選舉權或是其他基本的政治與公民權利，擴張到婦女的身上。婦女，在當時法律的規範下，基本上只是她們父親或丈夫的財產罷了。

羅傑・史密斯（Rogers Smith）在他關於美國公民權的精采著作裡寫道：「關於婦女，這部憲法沒有任何地方直接提到。但是，它卻用男性代名詞來形容美利堅合眾國的眾議員、參議員、副總統和總統凡三十次之多……這明顯的事實……就是，這部憲法把這點整個留給各州憲法，讓它們來抵制婦女的參政權和其他的法律及政治特權。」[6]

這些高貴的《獨立宣言》支持者也毫無意願把奴隸，或者至少，自由的非洲裔，包括進來。無視於他們其實在幾乎所有宣布成爲獨立自主共和體的殖民州裡，占了其中人口的相當大一部分。[7]《獨立宣言》的主要作者，湯瑪斯・傑佛遜（Thomas Jefferson），就擁有幾百名奴隸，在他的有生之年，他沒有讓其中任何一人獲得自由，而他也只在去世時，讓其中五人自由。[8]直到四個二十又七個年頭之後（借用林肯《蓋茲堡演講》的詩化般的詞句），奴隸制在美國才藉由軍隊的武力和憲法增修的力量加以廢除。然後，又花了另一個世紀，才讓美國南方的非裔美國人的政治參與權能眞正被實行。現在，兩個世代之後，美國的白人和黑人，仍舊背負著奴隸制及其後續問題對人類平等、自由、尊嚴和尊重所造成的創傷。

我們高貴的《獨立宣言》，也同樣不動聲色地排除了那些幾千年前就來到這片土地居住的人們，他們的土地後來遭到歐洲人的殖民和占領。我想，我們都很熟悉那些殖民者如何搶奪原住民的家園、土地、安身立命之所、自由、尊嚴、和人道的故事。他們的後代到今天還在承受幾百年來的不公平待遇所造成的後果，殖民者當初通常以武力拒絕了原住民的最基本要求：把他們當做平等的人類，在法律、經濟、政治——更別說是社會了——的立足點上平等對待。

殖民的武力對待持續了很長一段時間，直至近世，則是待之以忽視及漠不關心。

那些來自歐洲的訪客（如托克維爾等人）所描繪的這個國家，我想，相當直接的，是個表現出對平等有強烈熱情的國家，甚至比其他任何他們觀察過的地方都強。但那些不平等的事情卻也同時存在在這個國家裡。

要從其他的民主國家裡找出不勝枚舉的類似例子，其實也很容易。很多歐洲人大概會同意，許多世紀以來，在世界上最老牌最進步的民主國家之一：英國，當中有很多人比其他西歐國家的人，都更執著於維持社會不平等，亦即個人的階級和地位之差異，它們分別表現在許多方面上，尤其是在高等教育、可敬的大不列顛公務員系統，以及諸如法律、司法及商業等專業領域上。和世界上其他民主國家不一樣的是，一直到最近幾年前，英國還令人驚異地維持著上議院多數成員由世襲貴族所組成的過時做法。

但是這種存在於政治平等理念和實際的巨大鴻溝，並非只發生在美國和英國。在很多號稱「民主」的國家裡，直到十九世紀末期，甚至到二十世紀，都還有很大一部分的男性成年人沒有投票權。還有，只有兩個「民主」國家——紐西蘭和澳洲——在一九二〇年以前讓婦女享有了在國家選舉裡的投票權。在法國和比利時，婦女直到第二次世界大戰結束以後，才開始有國家選舉的投票權。在瑞典，儘管男性的普遍投票權在一八四八年就建立了，女人卻等到一九七一年才有權投票。

「民主」國家中的領導人及眾多公民——男性公民——所經常主張的，就是這種修辭上的對政治平等的承諾。

政治平等的成長

先撇開政治平等在很多地方都經常無法獲得實行的這個明顯事實不談，在過去的幾個世紀中，值得注意的是，對平等的很多主張，包括政治平等，其實還是有被各種制度、實踐，及行動強烈地強化鞏固的。雖然這巨大的歷史進展某種程度而言可說是世界性的，但是，或許觸目所及比較明顯的，還是在如英國、法國、美國、北歐各國、荷蘭，及其他等許多民主國家。

托克維爾在他的巨著《美國的民主》（*Democracy in America*）第一卷的開頭提到，平等的情況在他的法國同胞中間堅定持續地增長：「從十一世紀以來，每五十年就有改變。」改革還不只是發生在他的國家，他寫道：「我們不管看向何處，我們都可以見證這同樣持續的改革，發生在所有其他的基督教國家。」

他繼續寫道：「生存狀況平等的逐步進展，是……一個神助的事實，而且具備了一切天命的特質：它是普世的，它是持久的，它堅持不懈地巧妙避開了所有人性干預，所有的事件和人都對這一進程做出了貢獻。」[9]

我們大概會想測量一下托克維爾這段話裡的誇張程度。我們大概也會注意到，數年後在他的第二卷裡，他被他所認定的某些令人不悅的民主和平等的副作用所困擾。不過，即便如此，他也毫不猶豫地認爲，民主和平等所帶來的持續好處是無可避免的。如果今天我們回頭看看從他的時代到如今所發生過的變化，我們，如同托克維爾在他的時代裡，大概也會對那些關心及促進政治平等的理念和實踐，在世界各地發展的程度感到驚異，還有較大範圍的人類平等也同時發生了。

至於政治平等，想一想在這剛結束的世紀裡，民主的理念、制度和實踐驚人地擴散。在一九〇〇年，世界上有四十八個完全或中等的獨立國家。在這四十八國中，只有八個國家具備所有代議制民主政治所需的基本體制，而在那八國中只有一個國家——紐西蘭——讓它的婦女獲得選舉權。再更深一層思考，這八國只占了當時世界人口的不到百分之十到十二。在本世紀開端時，全球一百九十幾個國家之中，有大概八十五國具備現代代議制民主政體的各種體制和實踐，包括普遍的選舉權，他們的民主政治的程度幾乎相當於英國、西歐，和美國的民主。這些國家的人口幾乎占了今日全球人口的十分之六。[10]

在英國，正如我們所熟知的，勞工階級和婦女都被賦予了選舉權，還有更多其他權利。來自中產階級、中低產階級和勞工階級的男人和女人，現在不但有機會進入下議院及其附屬機構，還可以入閣，甚至當到首相。至於上議院的所有世襲貴族們，好吧，至少是其中很多人，最後終於要捲鋪蓋走路。美國的情況也差不多，婦女被賦予了參政權，一九六五年的投票權法案，讓非裔美國人的投票權眞正受到法律保障，這法律被確實執行，使得非裔美國人從此在美國政治中形成一股重要的力量。不過，我倒是希望我能夠說許多美國原住民的悲慘情況也有大幅改善，但是那些早先的不義行爲的後果仍緊緊糾纏著我們。

雖然有失敗的地方，但如果我們假設，對於那些創造不平等的強大力量來說，政治平等的信念總是個無望地瘦弱貧血的對抗者，那麼就很難解釋，在過去兩世紀以來所達成的巨大的人類平等的成就。不過，反過來說，同樣的問題還是存在：眼前擺著所有那些阻撓政治平等的障礙，對這些已達成的成就，我們要如何解釋？

對政治平等運動的簡單素描

撇開那些特權階層的超強力量不談，爲了讓我們了解政治平等的變化是如何可能產生的，我想試著有系統地勾勒一下這個過程。[11]

把特權給正當化了的學說教義

社會裡最有特權的一群人——那些政治、社會、經濟的菁英，如果你同意的話——的行爲就非常的典型。當他們有能力的時候，不但會主張，甚至執行那些可以鞏固及合理化他們優越地位的學說教義。通常，這些學說教義是被宗教的權威人士（他們自己也是這上層社會的成員）所支持的，或甚至是他們所創造的，像是過去許多世紀以來在歐洲支持王權之正當性的「君權神授」說。哲學家也對菁英統治的理由有所貢獻——一個著名的且影響深遠的例子就是柏拉圖。但是，即使是比較謙遜的亞里斯多德，也並沒有對政治平等的理念表現出太多的同情。在某些時候，一套官方的哲學可以把階級和特權的存在給正當化，譬如儒家學說，數千年來在帝制中國獨領風騷。在近代的專制政權中，一個絕對的、不容置疑的意識形態賦予權力和特權以正當性的基礎：例如馬克思—列寧主義在蘇聯，法西斯主義在義大利，還有納粹主義在希特勒統治下的德國。

有關菁英統治下層社會的懷疑論

有特權的菁英們常顯現出他們相信，這些使他們正當享有特權的學說教義也廣泛地被下層社會所接受：「樓上」的人假設他們享受的種種權利，也被那些處在權力結構「樓下」的弱勢人們所接受且認爲是完全正當的。不過，儘管菁英們不遺餘力地鼓吹推廣那些使他們的優越權力和地位能夠正當化的觀點，以及他們對他們自己所享有各種特權的正確性有著不容置疑的信念，但是，在那些被統治的下屬團體中，總有相當多的成員會產生懷疑，那些自封的統治階層所強加給他們的低級地位，眞的能夠獲得證成嗎？

詹姆士·史考特（James Scott）已經十分有說服力地提出，那些因爲歷史、結構以及菁英信念體系的緣故而變成下屬地位的人們，並不像上層階級的人所喜歡假設的那樣，容易接受強而有力的意識形態。舉個例子，他寫道：「對印度的賤民階級來說，有很明顯的證據顯示，印度教教義中使種姓制度正當化的部分已經被否定、重新詮釋或是忽略了。處在種姓社會下級的平民們，比婆羅門們更拒絕相信輪迴業障的觀念能解釋他們目前所處的困境；相反地，他們目前會把他們的低下地位和貧困，歸責於這社會源遠流長的以神話解釋所造成的不公不義。」[12]

比較好的生活狀況

考慮到這些下屬群體成員對菁英意識形態的或公開或隱藏的反對，我們知道，對於現狀的任何改變，不管是理念、信仰、結構、世代交替，還是其他什麼，都讓下屬群體有新的機會來表達他們的不滿和抱怨。基於許多不同的理由，英國當年無法將其本國的政治、經濟和社會結構，實行到十七和十八世紀的美洲殖民地去。僅因橫跨大西洋的距離，美洲殖民地上人們所能享有的土地所有權，在商業和金融方面的新契機，以及由此而興起的一個新興階級的獨立農夫、商人和工匠們，還有其他殖民地和母國的不同之處，使得在美洲殖民地的人們，實際上比在母國英國更有機會有效參與政治生活。

逐漸增加的求變壓力

因爲有了這些新的契機，再加上受到憤怒、抗拒、對不公義的感受、要求個人或群體的更多機會、對群體的忠誠或其他動機的驅使，某些下屬群體的成員開始以任何可行的方式要求改變現狀。舉例而言，在民主政治被引進到印度之後，種姓社會裡的下層人民很快地開始把握他們的新契機來改善他們的地位。

從支配階層來的支持

在支配集團裡面，也有些成員選擇支持下屬階層的訴求。局內人聯合局外人——某個**樓上**的叛徒接受了忿忿不平的**樓下**居民的訴求。局內人可能爲了各種不同的原因而這樣做：道德的說服、同情、機會主義、恐懼暴亂的後果、恐懼對財產安全及政權正當性的威脅，甚至還有無論是眞正或想像的革命的可能性。

下屬階層獲得成就

在政治變化中這些因素使出渾身解數，讓以前的下屬階層獲得了權力、影響力、社會地位、教育、收入或其他好處，甚至可能以上皆是。例如，在美洲殖民地的白人男性，獲得在選舉中對地區及殖民州的立法機構的投票權的百分比，比在祖國高得多。[13]有時，就像最終在美國發生的情況一樣，這成就的獲得是（或至少有部分是）透過下屬階層進行暴力革命，推翻特權階層的統治而完成的。然而，在許多情況下，變化的發生是漸進的與和平的。像投票權的擴張，在英國、瑞典和其他歐洲國家，是由議會的行動來完成，在美國則是由憲法修正案和國會的行動來完成。

雖然，對過去幾世紀以來，發生在許多國家中的有關朝政治平等邁進的變化所做的諸多具體解說，彼此南轅北轍，但我相信，這些一般性的因素還是在它們大多數中扮演一定的角色。

◆註釋◆

【1】在這裡及其他地方，我是引用了Stanley I. Benn, "*Egalitarianism and the Equal Consideration of Interests*," J. R. Pnnock and J. W. Chapman, *Equality (Nomos IX)* (New York: Atherton Press, 1967), pp. 61-78。

【2】在*The Wisdom of Crowds* (New York: Doubleday, 2004) 一書中，James Surowwiecki以卓越的科學家Francis Galton的故事作為開端。「教養培育對Galton而言是很重要的，因為他相信只有極少數人擁有能保持社會健康的必要的性格。他已經將他大部分的事業生涯投入於盡全力測量那些性格，事實上，他是為了要證明大多數人並不具備這些性格……當他經過（一八八四年的國際展覽會）時……Galton偶然看到那個判斷重量的比賽。一頭肥胖的公牛被選出來放在展覽裡，聚集的人群正排隊將賭注放在猜測公牛的重量上……八百個人試了他們的運氣。他們完全是一群烏合之衆」。當比賽結束時，Galton對他們的估計做了一系列的統計試驗，他發現，那些參賽者平均估計是一千一百九十七磅。而牛的真實重量是一千一百九十八磅。Galton稍後寫道：「結果似乎是，民主判斷的可信賴性好像比期望中的更可稱揚。」（xii-xiii）。接下來的篇幅裡，Surowwiecki提供大量證據來支持他的信念，就是只要給予合適的機會，人群是能夠做出明智的決定的。

【3】Max Weber, *The Theory of Social and Economic Organization*, trans. A.M. Henderson & Talcott Parsons, (New York: Oxford University Press, 1947), pp. 328-329.

【4】Bernard Manin, *The Principles of Representative Government* (New York: Cambridge University Press, 1997).

【5】「當許多人因合意而形成一個社群或者政府時，他們因此表現出結合狀態，並且形成一個政治體，此時，在這個政治體內，多數有權決定全體的事務」。見Peter Laslett, *Locke's Two*

Treatises of Civil Government, 2nd ed. (Cambridge: Cambridge University Press, 1970), p. 349。大概沒有比Kenneth J. Arrow在其著作*Social Choice and Individual Values* (New Haven: Yale University Press), p. 19中所做之更有影響力的深刻分析了，他在該書中呈現了多數決那種無法解決的循環的可能性。至於為多數決規則辯護的論點，請看Ian Shapiro, "Three Fallacies Concerning Minorities, Majorities, and Democratic Politics," *Democracy's Place* (Ithaca, Cornell University Press, 1996), pp.16-52。

【6】Rogers M. Smith, *Civic Ideals, Conflicting Visions of Citizenship in U.S. Histor* (New Haven: Yale University Press, 1997), pp. 130-131.

【7】一七九〇年，當第一次人口普查完成時，美國全國人口有三百九十萬人，黑人總數有七十五萬七千人，其中六十九萬八千人是奴隸。北方各州中，總人口數約略低於二百萬，黑人占六萬七千人，其中四萬人是奴隸。請參照*Historical Statistics of the United States, Colonial Times to 1957* (Washington D.C., 1960), pp. 12-13 (Series A123-180), 9n2 (Series A59070)。

【8】除了一些他倖存的、由他的情婦（一個奴隸，Sally Hemings）所生的孩子，以及她的異母兄弟以外。雖然對父親究竟為誰的問題有爭論，但是Annette Gordon-Reed提供了強有力的間接證據，證明Thomas Jefferson就是Hemings的孩子們的父親。請參照*Thomas Jefferson and Sally Hemings, An American Controversy* (Charlottesville and london: University of Virginia Press, 1997)。參照作者的"Summary of the Evidence"，見p.210以下及附錄B，"*The Memoirs of Madison Hemings*," p. 245以下。DNA的檢驗也提供了另一項間接（雖然不是結論性）的證據。請參照Dinitia Smith and Nicholas Wade "DNA Test Finds Evidence of Jefferson Child by Slave," *New York Times*, Nov 1, 1998。

【9】Henry Reeve, Vol 1 (New York: Schocken Books, 1961), p. 81.

【10】我已經使用Adrian Karatnycky的估計，見其著作“The 1999 Freedom House Survey: A Century of Progress,” *Journeyof Democracy* II, no.1 (Jan. 2000), pp. 187-200; Robert A. *Dahl, Democracy and Its Critics* (New Haven: Yale University Press, 1989), p. 240, table 17.2; Tatu Vanhanen, *The Emergence of Democracy, A Comparative Study of 119 States, 1850-1879* (Helsinki: The Finnish Academy of Sciences and Letters, 1984), p. 120, table 22。

【11】如果要看一個不同，但是可以完全與我在這裡所提出的相配合的構想，請參照Michael Walzer在他的著作*Politics and Passion, Toward a More Egalitarian Liberalism*中所提出的「解放」與「活力化」的模型。(New Haven: Yale University Press, 2004), pp. 21-43.

【12】*Domination and the Arts of Resistance*, New Haven: Yale University Press, 1990, p. 117.

【13】由於不動產容易取得，一個基於不動產所有權而授與的公民選舉權，加上相當簡單的限制，使得基本上有很大一部分的白人男性可以在許多殖民州裡投票。雖然很難估計確實的數字，但十三個殖民州裡至少有十個州，裡面超過百分之五十的白人成年男性可以享有地方及殖民州立法機構的投票權，在其中的七個州——新罕布什夏州、麻塞諸塞州、康乃迪克州、紐約州、賓夕法尼亞州、南卡羅萊納州、和喬治亞州——這比例可能可以高達百分之八十。這些估計數字是引用自Chilton Williamson, *American Suffrage from Property to Democracy, 1760-1860* (Princeton: Princeton University Press, 1960), pp. 3-19。根據其中一項估計，在英國，議會選舉的投票權僅存在於百分之五的超過二十歲的人口中，或者說，僅存在於大約百分之十的超過二十歲的男性人口之中；由於一八三二年的大改革，這比例相應地提升到百分之七點一及百分之十四點二。請參照Dolf Sternberger and Bernhard Vogel, *Die Wahl der Parlamente*, Vol 1 (Berlin; Walter de Gruyter, 1969), p. 632, table 1。

第三章　政治平等眞能達成嗎？

讓我們假定我所規劃的、能導向更大的政治平等的政治運動的草圖，是大致正確的，但仍然必須問一個很重要的問題：是什麼動力實際上**驅使**特權階層和下屬階層中的一些人，堅持爭取更大的政治平等？爲什麼**樓下**的下屬階層，會要求他們應該跟管轄他們的**樓上**特權階層一樣，在**政治上**被平等對待？是否有某些「人性」或人類能力的層面，能夠且有時已被激發來驅使人們做出上述的要求呢？如果我們假定政治平等是一個終極或在基本倫理的層面上無可非議的目標，但確定其並非一個在人類中必然普遍實際情況的描述，這樣的話，那我們還必須假設說單憑倫理上的關懷，就可以推進政治平等嗎？或者，像我在我的扼要方案裡所建議的，對政治平等的尋求也能被「基礎者」（baser）的動機所驅使嗎？再重覆一次：是什麼驅使人們劍及履及地**行動**，以實際提高政治平等？理性？自我主義？利他主義？同情？移情作用？妒忌？憤怒？仇恨？任何其中一項或以上皆是？

說到這裡，人們大可以抗議說，「爲什麼我們**應該**把政治平等當一個目標來追求」這一問題，不同於在認識論和本體論上的「爲什麼某些人眞的去追求該目標」這一問題。我相信這種質疑有其價值。在那麼多哲學家中間，我們可以歸功於大衛・休姆（Davide Hume）和康德（Immanuel Kant），他們發現了那個主張「人類**應該如何行爲**」的道德命題，和主張「人類**實際上**如何行爲或趨向於如何行爲」的實證命題，兩者之間的清楚差異。混淆或忽略這種差異將導致可被稱爲是「悲慘」的謬誤。

如果道德責任是去強迫我們做與我們人類本質差距太大的行動和作爲，就會變得跟人類行動毫不相干——特別是，我們的人類本能驅使、感受和情緒——就像是要求在人類能力所能及的範圍以外盡責任。「愛汝之鄰」陳義甚高；但是，它汲取人類的基本品質——我們能夠有愛、同理心，同情心的能力——那些有時能使我們達到這要求的能力。「愛其他任何人就像愛你自己的家人」這過高的陳義是人類不可能達到的無望要求。所以說，除非驅使追求政治平等的動力是本於基本的人性，否則就實際來看，它將會是一個不可能的目標。

我之所以提出這些問題，是因爲在我看來，一些我們公認的最卓越的哲學家太過強調人類理性在推動正義或公平中所發揮的力量。我想要建議的是，實際上驅使對公平的追求的，並非純粹的理性，而是情緒和激情。理性可以指導人們的行動朝向正義，它可以（而且我相信應該）協助我們選擇最有效的手段來達到我們想要的目標。但是眞正促成人們行動的，是那些我剛才已經提到的情緒，這範圍從同情到妒忌、憤怒和仇恨。[1]將近三世紀以前，大衛・休姆已經有力地提出這點，他堅持道：「理性只是，並且應該僅僅只是激情的奴隸，而且無法假裝除了服侍及服從激情以外，還能有別的作用。」[2]對於休姆而言，關於因果關係的推論理由和實證性知識，是在選擇能達到我們目標的最好、或者最有效的手段時的一個重要工具。但是，他同時也爭論道，在選擇我們實際上追求的道德或倫理的目的時，驅使我們的並非理性，而是我們的感受和激情的力量。

純粹理性足夠嗎？

對某些人而言，「我們並非被我們的理性所驅使，而是被我們的感受、情緒、激情——隨便你愛怎麼叫它們——所驅動的」這個觀察，幾乎可說是自明之理，以致於沒有必要再舉例證明。或許的確如此。但如果不是因爲有像我剛才論及的那種深具影響力的觀點，堅持認爲人類理性具有絕大的力量，足以達成善和正義的目標，我是不會在這個問題上多加著墨的。這類主張最極端的例子大概是由康德提出來的。

康德，歷史上最卓越的哲學家之一，已清楚明辨「實然（是什麼）」和「應然（應該是什麼）」之間的區別，強調理性不僅能指導我們追求正義；它還是我們人性中惟一能適當地推動我們朝向道德行動的一個部分。在其《道德底形上學之基礎》（一七八五）中，他寫道：「一個人必須承認，如果一部法律要在道德上有效，就必須具有絕對的必然性……由此可知，責任之根據要到哪裡去尋找呢？既不在人的本質中，也不在人所處之世界裡的各種情境中，而只能先天地在純粹理性的概念中去尋找。」

他舉了一個例子：「當一個人在行有餘力的時候幫助他人，這是一種責任，此外，這種同情的崇高態度還含有許多其他的精神，以致於在沒有任何其他更進一步的的動機下，例如虛榮心或自我利益等，他們還能在四周傳播快樂時找到一種發自內心的愉悅，並且能夠樂人之樂。然而我保持這樣一個觀點：在這樣一種情況中的這種行動，不管有多麼正確和多麼親切，它仍然**沒有眞正的道德價值**。」[3]

簡單地說，依康德的看法，除非那些人僅被「理性」所驅使，否則在近世紀裡那些促成更大範圍的政治平等的人，其行動都不能算是有道德依據的！[4]所幸，人類行為中除了純粹理性之外，還有其他東西也能發揮作用。

躲在無知之幕後面的推理

二十世紀裡，大概沒有任何哲學作品比約翰・羅爾斯（John Rawls）高度原創的《正義論》（一九七一）[5]，更能刺激出許許多多對正義原則的嚴肅討論。雖然沒有任何簡短的摘要可以切要地提點他的論證，更別說那些被這本書所激起的篇幅巨大的評論、迴響和批評了，[6]但我還是想談談他的正義理論所提出的關於人性的假定。跟康德不同的是，羅爾斯所談論的人類比較能夠被認爲是我們的同類。「讓我們假定」，他寫道：「當一個人達到一定的年齡，擁有必要的智思能力之後，就能夠在正常的社會的環境下發展出一種正義感。我們取得一種能判斷事情是否正義和用理由支持這些判斷的技巧。此外，我們通常會希望根據這些想法來行動，同時也推己及人地希望他人也遵守類似的期待。可以很清楚地知道，這道德的能力是極端複雜的。能看見這個，就足夠讓我們注意到，我們可能需要做出各種數量和種類無窮盡的判斷。」[7]

他繼續描述一種假設的情況，「原初立場」：「當然，原初立場並不被當做是一件在歷史上眞實存在之事件的狀態，更不是文化的最初情境。它被理解爲一種純粹假設的情況……這情況的一個重要特點是，沒有任何人知道他在社會裡的立足點，或是他的階級位置或者社會地位，也沒有任何人在分配自然資產和能力、智慧、力量等的時候，知道他的運氣如何。我甚至將假定各方不知道他們的善觀念爲何、他們的特殊心理傾向爲何。正義原則是在一塊無知之幕後面被選擇出來的。」[8]

然後他提出，在無知之幕後面「我所相信的正義兩原則將在原初立場中被選擇。」這兩者是：「首先，每個人都有權享有與其他人類似的最大限度的自由。第二，社會和經濟的不平等能夠被如此安排，以便它們：(a)合理地被期待將對所有人都有利，和(b)附加到供所有人公開爭取的位置和職位。」

自然而然地，在羅爾斯的觀點中，信奉上述的第一原則可以：「保護公民權內該有的相等自由……因爲生活在正義社會裡的公民應該享有同樣的基本權利。」換句話說，第一原則將要求公民的政治平等，以及所有制度的運作能確保政治平等。雖然第二原則會允許一些不平等的存在，但條件是：「財富和收入的分配，以及權威的層級，必須與平等公民的自由權和機會之平等相互一致。」[9]

就這樣，羅爾斯提供了贊成政治平等的一個強而有力的論述，跟康德的不可能存在的狹窄觀點相較，羅爾斯的論述是基於一種對人類要比較現實得多的理解。根據羅爾斯，政治平等這一目的可以由理性加以證成，但別忘記，給予理性協助的，則是一種從經驗及（或許）人性某些基本面向中衍生出來的道德判斷之能力。

就像大多數二十世紀的哲學家，羅爾斯十分清楚「應然」與「實然」兩者相混淆後將會產生的謬誤，以致於他並不將他的論證當做一種關於「實際上到底是什麼事物驅使人們去追求政治平等」的實證性描述。不過，雖然他對人類能力的證成比康德的更爲有力，但我們還是要繼續問那個惱人的問題：到底是什麼事物，促使人們實際去奮鬥爭取更高的政治平等——就像美國黑人掙扎著對抗維持現狀的強權，以爭取公民與政治的平等權利？

◆註釋◆

【1】Michael Walzer在他的著作*Politics and Passion*裡強力地強調了這一點，見該書pp. 111-130。在書中他觀察到：「這種二分法，把激情的強度對照有利益的或有原則性的理性、光對照熱，在政治思想裡是如此普遍，以致於或許可以簡單說，它們是沒什麼用的，因為它們無法符合任何在政治參與的實際經驗……沒有一個對抗既存權力和財富階級的政黨能成功，也沒有一個為爭取平等或解放國家、為解放或活力化的運動能夠成功，除非它能引起底層人民的緊密相連及戰鬥的激情。這些被激起的激情肯定包括嫉妒、忿怒與憎恨，因為那是階級支配統治的常見後果……但是對不公平的憤怒以及團結一致的感情，也屬於被反階級政治運動所引發的激情之一。」見p. 130。

【2】*Treatise of Human Nature* (1730-40) (Oxford: Oxford University Press, 2000), p. 415.

【3】由H.J. Paton翻譯並分析 (New York: Harper Torch-books, 1956), p. 66。若要看進一步的對*Groundwork of the Metaphysics of Morals*的評論，請參見p. 57。

【4】我必須承認我認為這是如此深刻地缺乏對人性的了解，以致於我忍不住要懷疑康德本人是否基於某些原因而致缺乏正常的人類感情。

【5】Cambridge: Harvard University Press, 1971.

【6】若想找到許多傑出學者所給的精采例子，請參照Norman Daniels, *Reading Rawls, Critical Studies of a Theory of Justice* (New York: Basic Books，出版年月不詳)。

【7】見前註，p. 46。

【8】見前註，卷二。

【9】見前註，p. 60-61。

第四章　情緒所扮演的可觀角色

就像我已經建議過的，那些驅使人們爲達成更高的政治平等——爲公民權利而戰鬥和投票權的普及——而改變現狀的動機，看來似乎牽涉的範圍很廣，從利他主義、同情、同理心（移情作用），以及同情心，到妒忌、憤怒、憤慨，及仇恨。

從南美捲尾猴得到的啓示

一個關於南美捲尾猴的有趣實驗，提供了一個非常有意思的暗示。我說「暗示」是因爲我想要避免做出過於簡單或是簡化論者的論點，就是直接從動物的行爲——或者在更多極端的狀況下，從基因和染色體——跳躍到複雜的人類行爲和制度。[1]但是，這個實驗確實可能可以給我們一個暗示：驅使個體和群體堅持分配正義和公平的力量，隱藏在人類的情緒和感覺中，甚至能被追溯到人類進化成人類之前。

母的南美捲尾猴，被教會用花崗岩卵石與實驗者交換葡萄和切片黃瓜。以前的實驗顯示，有百分之九十的情況，母猴子比較喜歡葡萄，而比較不喜歡黃瓜片，而有低於百分之五的情況，牠們沒把卵石繳回以交換食物。之後，把兩隻猴子成對地放在籠子裡，這樣每隻猴子就能觀察到另一隻所收到的獎賞是什麼。實驗者發現，如果某隻猴子給出她的卵石而只收到黃瓜，卻看到另外一隻同伴收到比較寶貴的葡萄，通常前者的反應是要不就拒絕繳出卵石，要不就拒吃黃瓜。

研究者下結論：「人們判斷公平與否，在於收穫如何分配，以及對某特定的結果可否有不同的選擇而定。南美捲尾猴亦似乎如是，牠們好像能夠在相關條件下衡量所得的獎賞，也就是說，能把自己得到的獎賞及自己所投注的努力，與看得到的其他人互相比較。如果看到同伴得到較好的待遇，而牠們自己所得不過爾爾，即使這獎賞在以前是尚可接受的，牠們仍會做出負面反應。雖然我們的數據無法精準闡釋造成這些反應的動機，但是有一個可能性是：猴子同人類相似，是由社會性情緒所引導的。這些情緒被經濟學家認定是『激情』，指引著人們對努力、收穫、損失和其他人的態度做出反應。」[2]

對人類來說

就像我之前提醒的，我不會假定我們能從與南美捲尾猴的實驗結果直接跳到人類行爲的分析。然而，《紐約時報》的一位作者卻在他報導這個南美捲尾猴實驗的時候說：「『這不公平！』這句呼喊通常會出現在遊樂園裡，或是出現在成年人們的聚會裡（方式較爲婉轉）。現在看來，似乎猴子也有某種公平感。」[3]許多有兩個或更多孩子的父母無疑地都聽過這類的叫喊，經常由某個兄弟姊妹脫口而出，伴隨著憤怒、眼淚，或其他本能且自發的情感表達。

那麼，我的論點簡單地說就是，人類天生地被賦予一種敏感性，他們可以感受到對他人的不公平分配，尤其是對於那些在某些方面與他們自己差不多的人。不管是像我們上述所提到的研究的作者一樣，用學術的語言**不公嫌惡**（inequity aversion）來描述此種人類敏感性，或是用較粗俗的語辭如**嫉妒**或**羨慕**來形容，反正當人類看到不公平或不正義的時候，某種強烈的情緒往往會被挑起。如果有機會的話，這些情緒就會在行動中表達出來，表達的範圍可能從立即的口頭宣示——「這不公平！」——到企圖使分配較公平的實際作爲，無論是訴諸和平說服或暴力，或是透過個別或集體的努力，總之，會有所行動。

理性之限制

的確，人類天生被賦予一種非凡的**推理**能力。但是，這種能力的發展及使用的可能性大大地取決於個人自身的經驗——再次強調，這來自環境，而非自然生成。

神經學家安東尼奧．達瑪西歐（Antonio Damasio）觀察到，理性**無法**單純地從情緒（emotions）與情感（feelings），或學習和經驗中分離出來。情感，他說道，是人類推理和做決定過程中一個固有且無可避免的部分。以腦前額葉皮質區遭受損傷或破壞的人的行爲證明顯示，他認定，雖然這些人有時能保留他們可透過IQ測驗被衡量的「智力」，但是他們已經失去他們的**判斷**能力。他們做抽象「推理」的能力沒有被削弱；的確，他們的「理性」是完全與他們的情緒和情感分離的，正是康德定言令式的完美對象。但是，他結論道，判斷乃植基於被儲存在肉體系統中的「知識」和經驗，簡單地說，就是基於從以前的經驗所發展出的情緒和情感。[4]抽象理性不能替代實踐的判斷；同時，高度的認知智力（由IQ測驗所測量出來的），似乎獨立於「社會的智慧」或是其他可能形式的智慧或理解（諸如美學的理解）之外。

的確，腦子本身發展的方式強烈地依賴於經驗。大自然，在基因的作用下，提供給我們一個腦子。但是，基因不會——用達瑪西歐的話來說——「制訂出腦子整個的構造……許多結構性的功能確實是由基因決定，但其他很大一部分是只被生命有機體自身的活動所塑造的，並且在整個的生命進程中持續不斷地變化及發展。」[5]扼要地講，大自然賦予我們一個腦子。但是，經驗——或者說學習——型塑它。

同理心與同情心

人類，像許多其他動物一樣，會被超越純粹自我主義的行動所感動。人類有將自我等同於他人的能力，這能力如此之強，以致於對他人的傷害或是幸福可以變成對自身的傷害或幸福。確實，就是這種能等同於他人的能力使得非常「自我」的概念變成模稜兩可。一位母親會只想著她自己而不管她心愛的孩子嗎？一個人會只考慮他自己而毫不考慮他的手足兄弟嗎？孩子們會完全不顧年老無能的父母的種種問題嗎？做這樣的假定，無疑是忽視基本的人性作用——在這裡向達爾文的例證點頭示意——而這人性是人作爲物種本身的生存所必需的。

雖然其他靈長類動物——特別是像黑猩猩和侏儒黑猩猩一樣的類人猿猩猩——表現出能夠經驗同理心。[6]這種能夠「推己及人」的能力在人類之中特別顯著。這裡再一次強調，我們的天資，和我們的固有人性，提供我們發展同理心的能力，或至少是發展它的潛力。

跟同理心一樣，語言、理性、直覺和情感，幫助我們學習如何與其他人合作，與其他人合作是為了建設組織和制度，了解如何彌補他們的不足之處，進而協力合作。單獨只有語言、理性、直覺、同理心或情感，是不夠的；看來在人類合作建立組織、複雜程序，以及各種體制的時候，這些通通都需要。

同理心之限制

然而同理心有其明顯的限制。我們不可能對所有的人類都像對那些占據我們生命和心靈核心的那少數人一樣，感受到同樣程度的愛、感情、憐憫和同理心。如果你對愛和同理心能迅速消失的本事有任何懷疑的話，這裡有個現成的測驗，我建議你可以做個比較：一方是為防止你的家人或親密好朋友的死亡，你願意犧牲的程度，另一方是在你完全不認識任何人的某個遙遠的世界角落裡，你對因為水災或饑荒而導致成千上萬人的死亡所願意做出的犧牲。或者換個角度，以你能感受到的憂傷程度來測量你的損失。就說吧，把你對家人死亡的悲傷乘以數千倍，擴散到那些你這輩子從沒遇見過的成千上萬遙遠地方的人們的死亡，這簡直是人性不可能做到的。我之所以說這是人性不可能做到的，是因爲如果你對世上所有不相干的人的死亡，都感受到跟家人死亡同樣的悲傷的話，老實說你根本就活不下去。

我相信，我們每個人都可以確認的一點兒誠實的反省是：同理心只有非常有限的力量，可以誘使我們爲了不相干的人的利益，而犧牲我們自己或與我們關係密切的人（相當少數的）的幸福及好處。在這裡我將再次給新達爾文主義的臆測一鞠躬：如果我們對所有其他人（更不用說其他生物）所受的傷害，會像對那些與我們關係最密切之極少數人所受的傷害一樣，感受到同等程度的痛苦和不安，那麼我們就很難生存下去了，而且這不只是個人，而是人類作爲一個物種要如何生存的問題。看來對同理心的限制，確實是生命之必要。

現在回過頭來看政治平等：如果單獨的自我主義，不足以動員我們爲不相干的其他人之基本權利而採取行動，那麼，同理心也是一樣。不過，在某些時候和某些地方，結合了自我主義、同理心、同情心、工具式理性

（rationality）、語言和溝通等因素，某些人類團體就能夠建立其文化和體制，這包括政治文化和政治體制，並發揮了保護那些不相干的、未知的和不可知的他人之基本權利（當然也涵蓋那些爲達成政治平等所必要的基本權利）的作用。

那特權階級呢？

雖然下屬階層的成員爲什麼會願意起來反抗的理由似乎是蠻明顯的，但是，爲什麼特權階層的成員也常從他們的權威地位出發來提供領導協助？若非完全因爲同理心或同情心，那麼是爲什麼？我稍早曾論及，有時他們這麼做是因爲害怕暴力或甚至革命的可能，這些事情的代價，可能遠比向被剝削階層成員釋放某些特權昂貴得多。

就像約瑟夫・漢堡（Joseph Hamburger）所證實的，爲了擴張普遍投票權（以及最終通過〈一八三二年改革法案〉），詹姆斯・密爾（James Mill），即約翰·斯圖亞特·密爾（John Stuart Mill）的父親，本身也是功利主義哲學的一位卓越創造者，故意在英國寡頭政治的大員中創造了對於革命的懼怕。雖然詹姆斯·密爾自己反對將暴力當做一種帶來變化的手段，「因爲密爾希望不用透過暴力而完成基本的改革，那麼設計一個引導寡頭政治從自身利益的考量，而答應讓步的手段就變得很有必要……只有兩種選擇：『人們想要他們的政府做出大量的改善，只能用反抗的方式，對統治者施加武力，或至少透過很有可能實現的威脅，讓他們的統治者受驚而乖乖從命。』由於應該盡量避免武力的使用，密爾把他的希望建立在第二種選擇上……他提出革命的威脅，而且他假定這威脅已經足夠，沒有眞正實行的必要。」[7]〈一八三二年改革法案〉是密爾的希望的實現，也是一系列選舉改革的首要步驟，最終達到普遍投票權的高潮。

在美國，南方黑人終於能透過立法——一九五七以及一九六四年的〈民權法案〉和一九六五年的〈投票權法案〉——而得到參與美國政治的權利，革命的威脅在此並未扮演任何顯著的角色。一九五七年的民權法案，推翻了美國南方參議員們一個世紀以來的努力：他們一直以選票堅定地否決那些想保護非裔美國人投票權的立法。儘管該法案的力量，因爲要在參議院贏得必要的選票所作的妥協而被削弱，該立法終究使南方黑人能夠參與美國政治，完成十多年前就開始的努力。發生在一九五七年的歷史變革（雖然還是很不足），若沒有參議院領袖林登．約翰遜（Lyndon Johnson）[8]高超的精力和手腕，是無法完成的，而他擔任總統之後，又再一次使用這些能力來確保一九六四和一九六五年更爲先進的法案的通過。支持他不眠不休推動這些法案的通過的情緒是很複雜的。他個人對非裔美國人的情感是混雜的，結合了同理心元素，以及源起於他德州背景的殘餘強烈的南方偏見。但是，眞正在背後推動他的，是他熊熊的政治野心。任何認識約翰遜的人，都不會認爲僅靠同情心就足以使他奉獻如此龐大的時間、精力和手腕，來帶動這些法律的通過，不論是作爲多數黨領袖或是總統都一樣。約翰遜一生中大部分時間都受政治野心所驅使，他的野心甚至在一九五〇年代之前，就已經使他專注於獲得最高特獎：美國總統的職位。很少有人懷疑約翰遜作爲參議院多數黨領袖時那想成爲總統的雄心驅使他推動關於民權的法案。而當上總統後，無可置疑地，他那想連任的雄心造就了一種強大的推動力，使他繼續使用他的手段和影響力來贏得〈一九六四年民權法案〉的通過。至於一九六五年法案的通過，看來可能是因為他期望能夠完成他開創的大業，從而保證他的「歷史地位」。[9]

政治平等的取得

故而，巨大的異動發生了。隨著參政權的延伸和基本權利的有效法律保護，長久以來處於下屬階層的優秀分子從此有機會進入公開的競爭領域，有些甚至選上公職。法律和政策方面的變化也跟隨發生。

隨著一八三二年之後英國的中產階級在下議院中穩占一席之地，美國在一九六五年之後也是如此：非裔美國人把握機會投票——並且很快地，伴隨著其他的行動，把那些過去以暴力壓迫他們的經選舉產生的警官給轟下台。印度同樣也發生類似的事情：社會地位較低的一群人，在一個選舉之自由與公正程度尚可的國家裡贏得公民權之後，開始以選票實力支持那些致力於減少對他們的歧視的領袖。如此一來，「在一九九〇年代初期之前，印度的上種姓等級支配政黨……僅能藉由某些地區性力量的協助而在新德里取得權力，而這些地區性力量比以前更常代表新近得權的下種姓等級印度人」。[10]

從最初的勝利到政治制度

把我們與所有其他生物相區別的人類特性之一是：我們能夠合作。這是一種特別的能力，使我們能建立無敵於其他生物的複雜組織。[11]我們確信，極少數的物種，如果有的話——無論是猴子、象、狼、螞蟻、蜜蜂，還是其他生物——若其基因無法使某程度的合作成爲可能，該物種就無法生存，更別提進化了。然而，感謝人類基因超過數百萬年過程的進化，我們能夠而且確實建立了合作的系統，其程度和複雜性在所有物種之中是獨一無二的。

人類不僅是創造複雜的組織和過程而已，同時也將它們固化成可長久存續的**制度**，亦即那些在習慣、行爲、和信念中業已根深柢固的實踐，足以代代相傳，在傳承的過程中通常只要稍微修正即可延續下去。很明顯地，政治平等之獲得很可能只是曇花一現而已，除非它已經被固定在長久持續的制度中——比如那些將大力執行保護新近獲得參政權之團體的投票權的新法律的司法體系與行政體系。

我無意嘗試在此描述使得人類體系之元素逐漸制度化，並因此而長久存續（即使在原初的革新者已經達成他們的最初目的後也一樣）的那些過程。我只是想強調一點，不論那促成了改變而致取得政治平等的情緒性驅使究竟是哪一種，要維持那種成就，就得有一些特別的方法，而那可能需要某些程度不同的情緒資源與認知資源。在一九五〇、六〇年代的非凡成就之後，美國的民權運動可能已不復狂熱，但它們獲得的成果卻被長久持續的司法體制與行政體制給保存下來，而這些體制中的人員所具有的技能和情緒，可能是不同於那些篳路藍縷的開創者的。

結論

是的，政治平等（照我看來）是一個我們應該戮力以赴的理想，也是一種我們必須以行動支持的道德責任。但同時，阻礙政治平等的障礙卻又是那樣地巨大——確實，它眞的巨大到幾乎可以確定我們永遠無法充分達成政治的平等。

然而，面對特權階層為保留他們的特殊地位而做出的無所不用其極的手段，要達到政治平等的目標，其背後的驅動力來自一種十分強大的人類情緒，這種情緒可以被動員，同時藉由理性的幫助來選擇適當的手段，以達成政治的平等。

在最近兩個世紀裡，於我們所處之世界的許多地方，政治平等的成就超過了之前所有任何人類歷史之記載。

但是，民主國家能更進一步取得更大的成就嗎？或者，我們已經到達可能的極限嗎？又或者，更糟的是，在新世紀裡，我們可能會走回頭路，邁向更大的政治不平等嗎？

◆ 註釋 ◆

【1】進一步閱讀，請見本人所著“Reflections on Human Nature and Politics: From Genes to Political Institutions,” *The Art of Political Leadership*, L. Berman (Rowman and Littlefield, 2006)。

【2】Sarah F. Brosnan and Frans B. M. De Waal, *Nature* 425 (18 September 2003), pp. 297-299.

【3】Nicholas Wade, “Genetic Basis to Fairness, Study Hints,” *New York Times*, September 18, 2003.

【4】Antonio R. Damasio, *Descartes' Error, Emotion, Reason, and the Human Brain* (New York: Avon Books, 1994).

【5】p. 108-109.

【6】Frans B. M. De Waal, *Good Nature, The Origins of Right and Wrong in Humans and Other Animals* (Cambridge, MA: Harvard University Press, 1996), p. 40.

【7】*James Mill and the Art of Revolution* (New Haven: Yale University Press, 1963), pp. 23-24.

【8】請參照Robert A. Caro, *The Years of Lyndon Johnson, Master of the Senate* (New York: Alfred A. Knopf, 2002), pp. 685-1014。約翰遜的複雜的種族概念，請見第三十一章之描述“The Compassion of Lyndon Johnson,” pp. 711-739。

【9】由於卡羅的書只寫到約翰遜在一九六四年當選副總統的選舉為止，所以在這裡我只好自己做臆測。

【10】Pankaj Mishra, “India: The Neglected Majority Wins!” *New York Review*, August 12, 2004, pp. 30-37.

【11】「人類的基因遺傳，七百萬年前就逐步進化，形成到把我們與黑猩猩及侏儒黑猩猩從我們的共同祖先那裡分化開來了，這使人類成功地變成了一個狩獵採集者。在打獵和戰鬥過程中人們彼此合作，但這合作只存在於許多關係相近的親戚群裡。人類的進化偏向於對陌生人小

心防備且猜疑。然而現代人從事任務的分享，以及與陌生人在一個極其精心製作的分工設定裡一起工作——意思是說，得與跟他的種屬基因無關的人們一起工作。其他的動物（例如蜜蜂）在一組的成員中，其分工也十分複雜，但這些分工都沒超出家庭的範圍。還有，在不同的種屬中的某程度的合作也十分常見，這也不太令人驚訝，因為不同種屬的成員彼此間通常不會爭奪食物，更別提性伴侶了。但是，超乎家庭範圍之外但位於同一種屬之內的精緻合作，就只有人類辦得到。」*The Economist* (Aug. 14, 2004), p. 69。

第五章　政治平等、人性和社會

對政治平等的阻礙普遍且總是難以克服。的確，這些障礙是如此地令人氣餒，以致於就算那些我們在上一章中所討論的基本人性動力，能在比較有利的歷史條件下被啟動，但實際上能達成的政治平等的程度仍是相當有限。在歷史上算得上巨大的成就，在真正與理想標準相較時，可能也只是差強人意而已。

在本章中我想要描述一些基本的對政治平等的障礙，這些障礙把我們擋在政治平等的門檻之外，甚至在號稱民主的國家裡，都尚未能跨越。我想要簡單描述的這些障礙物是：

1. 政治資源、技巧和動機的分配。
2. 無法改善的時間限制。
3. 政治系統的大小。
4. 市場經濟的盛行。
5. 某些國際組織的存在：它們可能是重要的，但不是民主式的。
6. 嚴重危機之無法避免。

一、政治資源、技巧和動機

直接與政治平等相抗衡的是控制人性和人類社會的根本法則：**政治資源、知識、技巧和動機的分配，在任何地方都是無法平等的**。

政治的資源意指某人能用來影響其他人行爲的任何事物。因此，政治的資源可以包括金錢、資訊、時間、理解、食物、武力威脅、工作、友誼、社會地位、有效的權利、選票和許多其他事情。上述這些事項，在民主體系中，唯一有可能被公平地分配的，大概就是那些我在上一章裡描述的達成民主所必需的根本權利。其中最明顯的或許是投票權。如果要讓所有（成年人）公民在政治上平等，每個人的選票和其他人的選票都必須等值。如此一來，同樣地，在立法機構，如果各個被選舉出的代表是平等的，他們也必須有等值的選票。

要讓公民們有效地實行他們的投票權，民主的政治系統必須把**義務**強加於官員和所有其他公民身上，使他們尊重並堅持平等的投票權，並且保證所有公民有充分的**機會**去投票。

但是，即便充分的權利、義務和機會保證了平等的投票權，其他我所列舉的政治資源在所有的民主系統中，仍然無法獲得平等分配。不平等的政治資源之分配，是否使得某些公民運用他們選票的能力受到影響？並進而因此無法有效地保護並發展他們的利益、目標、及計畫？

問題不僅僅是政治資源之分配不平等而已。同樣地，公民們有效運用其政治資源以達成其目標的能力——他們的**政治知識**和**技巧**——也不平等。

知識

對於普通公民而言，公共政策的複雜性經常讓他們難以充分了解（有時甚至是無法理解）他們的利益何在。公共議程表上的一項特殊政策可以保護或者強化他們的利益嗎？或者是反而損害他們的利益？某些政策可能兩者兼具，但是比較起來利大於害——或是弊大於利？

這個問題在於人們要從廣義還是狹義的角度來定義公民的利益。從古典視角來看，這個政策有益於公共利益或一般善嗎？——不管人們如何選擇來定義這困難的概念。從普通的現代視角來看，這個政策會有益於，還是損害了這位特定公民的基本利益或是其他人的基本利益（這些人的基本利益是該位公民最為深切關心的）？

數十年來，有關公眾之態度和意見的系統性調查，累積了許多證據指出（從這類調查於一九四〇年代被發明時開始），似乎所有民主國家中的一般公民，遠不如古典或現代的論述中所描繪的那樣的好。也就是說，那些會對政治深感興趣的公民，其實只是少數。除了投票之外，不會有更多人積極從事政治活動，包括透過嘗試說服其他人投票贊成某個特定候選人；或是為政黨工作；或出席政治會議和集會；或加入政治組織——這都是很少見的。同時，儘管大量隨手可得的新聞和資訊如潮水般氾濫，一般公民對政見和特定候選人的了解還是十分貧乏。

技巧

一個普通雅典人的演說技巧不可能與伯里克里斯（Pericles）相提並論，

也因此，他在集會中對其他公民的投票決定所能做出的影響，就變得相當有限。同樣地，一個普通的英國公民也無法與邱吉爾首相（Winston Churchill）的雄辯魅力相抗衡；就和一個普通美國人壓根兒比不上羅斯福總統（FDR）是一樣的。還有，政治的技巧其實遠不止滔滔雄辯而已。舉個例子，雖然林登・約翰遜總統（Lyndon Johnson）並非一個偉大的演說者，但他那能夠巧妙運用所有可利用資源的能力，確實不同凡響——比如說當他設法讓〈民權法案〉[1]這一劃時代立法確實獲得通過與執行的時候。具備高超政治技巧的人，不僅能利用該技巧來達到「公共善」；他們也同樣能使用該技巧來完成他們自己的個人目標，甚至有可能以不惜犧牲其他公民的利益作爲代價。

動機

技巧固然重要，但爲了取得政治的影響力，人們也必須得有動機來使用那些技巧，以便贏得並實踐有關政治決定的影響力。就像具備類似技巧的兩個人中，一個可能被驅使著朝向政治發展，另一個則可能選擇完全不同的人生。林登·約翰遜完全可以成爲一個成功的律師；但是，似乎自童年以來，他的雄心壯志就在於獲取政治上的成功，並最終成爲美國總統。羅斯福大可以鄉村士紳的身分渡其一生，還有邱吉爾，則是可以享受其作爲英國的貴族社會中人盡皆知的一員。

有許多擁有適當的資源、技巧和動機，而且有能力影響相關政治決策的人，有可能選擇不去追求透過選舉而取得的公職。相反地，他們可能是透過作爲文官或公務員來取得對政府的影響，或是透過遊說、或者提供資金、賄賂官員、帶動公眾輿論和許多其他方法，來影響政治。確實，許多著名的理論家已經得出結論，即使在民主國家（或是假民主國家，這些理論家可能會希望如此稱呼它們），政治也總是被菁英所主宰——特別是經濟的菁英——他們的影響力不一定公開爲人所知，實際上，很多時候可能是相當隱晦的。[2]

我並不打算在這裡提出一種通論以說明政治影響力是如何在各民主國家被分配的。我的論點遠比通論更簡潔，而且我相信，也十分顯白——儘管幾乎是不證自明，但並不減損其重要性。讓我再重申一次：**不論在什麼地方，政治的**

資源、技巧和動機，總是無法平等分配。

二、時間的限制

遍查人類歷史，在所有社會中，大多數的人都會付出相當可觀的時間，去嘗試影響對他們生活而言的重要團體中的其他人的決定：像是家庭、部落、工作場所、社區、公司商號、專業人員同業公會、貿易同盟、俱樂部、教堂等等不勝枚舉。這樣說來，利用影響力、權力、和權威是所有的人類生活中隨處可見的現象，而「政治」（politics），更是普遍。

但是，要人們奉獻許多時間去嘗試影響**國家**的政府，就完全是兩回事了。說得更確定一點，遍數人類歷史，絕大多數的人只有極少（如果有任何）的機會來影響他們所屬國家的政府。但是，隨著人民政府的出現和散布——所謂「民主」——及公民身分的擴大，以及十九和二十世紀時普及的投票權，有半數或者多過半數的成年人現在擁有他們所需要的所有權利和機會，可以和平地嘗試來影響其所屬國家之政府的決策，而這些法律和政策也是他們必須要服從的。不過，一個很明顯的事實是，當民主國家中的少數人花費很多時間來尋求和利用政治上的影響力時，大多數的其他人是不會這麼做的。

因爲時間是稀少的、固定的資源，把時間花在某事上，就肯定減少能做其他事情的時間。這個基本的生命事實，對政治平等之達成造成無法逃避的負面影響。

1. 要想取得政治影響力，必須投入時間。不同的人對於是否使用其時間以獲取在政治上的影響力，該舉動之成本與利益，有不同的評估。願意花費更多時間的人，可能就對關於政治的決定有更大的影響力。如此一來，假設其他所有要素都相同，不同的公民花費不同的時間，導致不同的政治影響力，這理所當然地會導致公民中的政治不平等。

2. 即便在規模小到可以允許公民直接參與政治決定之作成的政治團體中，對於使用時間之成本和利益的不同感受，也將在公民中造成某程度的政治不平等。在公元前第五世紀的雅典民主高潮時期，「實際上也只有一小部分公民確實出席」。[3]隨著公民數量的增加，如果要**直接**參與政府的決策過程，每個公民個別所需要花費的時間很快就達到這樣一個情況：即使他們出席會議，大多數人也不可能充分參與。試想一個公民在城鎮會議上講話的權利：隨著希望實踐他們說話權的公民的人數增加，時間成本就急速地升高。在僅有二十個人的政治單位，如果讓每個人講十分鐘的話，開個會就要兩百分鐘，或是超過三小時。如果有五十個人，允許每個人講十分鐘話，那就是八小時的一整個工作天；若有五百個公民，開個會就要超過十個工作天！隨著民主政治單位的公民數增加，直接參與政治的時間成本迅速升高到無法應付的高度。

當一個政治單位的規模大到無法讓所有公民直接參與制定法律時，他們將面臨三種選擇。當某個民主的政治單位比，嗯，就說二十個公民更多好了，它可能分裂並形成許多較小的單位——雖然這在大多數情況中，很難算是一種實際的解決方式。第二種可能性是設下限制，透過公民們正式或暗示的許可，來限制那些能夠透過在集會中發言之方式來參政的人的數目。這個解決方案或能使諸多大小如城鎮的政治單位，可以保持其公民一個較高水準的政治平等和民主決策。[4]但如果單位中的公民數目持續增加（還先不談其領域的相對擴張），那麼，可以直接參政的公民比例就會越來越小，甚至使這方案變得不切實際。處理規模問題的另一個明顯方法是，允許所有公民選舉出少數的代表，這些人能奉獻他們主要的時間來代表所有其他公民來做出政策決定。當然，這第三種解決方案在所有的民主國家中已被廣泛運用。事實上就是，公民們**授權**其代表來替他們做出決定。

如此一來，我們在政治平等的可能性上就遇到了另一個限制。[5]

時間和數字的法則：一個民主的單位涵蓋的公民數越多，能直接參與政府決策的公民數就越少，而委託他人行使權威的必要性就更大。

三、規模大小的兩難局面

當我們考慮一個政治單位的「規模大小」時，我們可能在腦海中浮現若干不同的計算方式，例如：其總人口數、其成年公民數、或是被該單位所占有的領地的大小。在任何特定的政治系統中，這些數字通常相互關聯。也就是說，如果一個政治系統所控制的區域變大，被包含在系統裡的人口數也可能（儘管並非一定）增加，而或許成年公民數亦隨之增加。在隨後的討論中，我想略去領土大小和總人口數，只單獨集中討論成年公民（以下均爲「公民」）的數量。

關於時間和數字的法則的推論如下：

規模大小的兩難：民主單位的規模越小，其公民參與的潛力就越爲增加，而公民們授權代表進行政府決策的需求就越爲減小。單位規模越大，則其處理公民重視之議題所需的能力就要更大，而公民們將決定權委託給代表的需求也則更爲增加。

在討論規模擴大對政治平等潛在的不利效應之前，我想先論及一個非常重要的例外情況：如果公民數目增加的結果，係來自於擁有充分公民權的成年人的比例增加——例如透過投票權的擴大——那麼，這種擴大對政治平等是有利的，而且可能超過任何因增加公民數目所導致的不利結果（我們之後會看到）。在以下的討論中，我會略過這可能性不談，爲的是把焦點保持在成年公民上。

除了微型單位，一般人通常必須大幅授權給其他人——給那些擔任經理人、行政管理人員、議程制定員、法官——等等的人。舉個例子，在古代雅典，公民授權制定五百人委員會（Council of Five Hundred [Boule]）的議程，此會成員由大眾選出。在美國新英格蘭的某城鎮會議中，相當大的權威被委託給一個執行的組織——例如眾所周知的康乃狄克州，稱爲行政委員會（Board of Selectmen），其中第一號行政委員實際上就是該城鎮的首長。在較大的系統如大城市、省、地區、美國某州、國家，或是國際組織中，行政管理和司法的授權甚至更加充分。

因爲代表們比一般公民更有機會就相關決定發揮直接的影響，他們的權威就成了政治平等問題。如何能讓選民確信他們所選舉和指派的代表，一定會嚴格追求能精確代表選民觀點或利益的政策，或至少能代表大多數公民的觀點或利益？簡單地說就是，公民如何能確保他們的代表會負全責？

即使授權給選舉出來的代表，規模大小仍舊持續造成影響。隨著單位規模的成長，公共政策的數目和複雜性很有可能隨之增加，公民必須博學的要求也水漲船高，以致遠遠超過他們能力所及。讓一個公民相當程度了解一個有五百或五千居民的城鎮中的各項政策是一回事；讓那公民充分了解有十萬，一百萬或一億公民的單位的政策，卻是完全不同的另一回事。

一個政治單位的規模也會限制實際能夠擔任代表的人的數目。而代表的數目與時間兩者間又相互影響：每個代表所代表的公民數越大，該代表能與個別公民直接或間接透過郵件、電話，或電子郵件來做接觸的時間越少。代表們可以（實際上在現代的代議組織中全都有）指定工作人員來與選民溝通。即便如此，時間和數字仍對有效的互動施加了巨大的限制。

雖然現代民主國家立法機構的規模互相之間差距很大，但它們的共同點是，其每個成員在理論上所代表的民意數目都極為龐大（參見表5.1）。每六十七萬三千個美國人選舉出一個國會成員；德國則大約是每十三萬七千人。還有更極端的例子：印度。幾乎要兩百萬人才選出一個國會議員。即使是民主小國也無法避免大小的限制。結果是，即便用最新的技術，一個民主國家的議員也只能與極少百分比的選民進行嚴肅和廣泛的時政討論。

但是，我並不是說一個政治系統規模的增長和委託授權是不好的。相反地，總的來說，它們很可能是極受歡迎的。但是，在應付因為公民數增加而造成的關於規模的困境時，我們無可避免地樹立了不讓所有公民享有政治平等的障礙。

表5.1　某些較為特出的民主國家中每位立法代表所代表的人口數

國家	選舉國會議員總數	下議院議員總數	人口數（以百萬計）	每個下議院議員所代表人口數
澳大利亞	226	150	19.9	132,754
奧地利	245	183	8.2	44,671
比利時	221	150	10.3	68,989
加拿大	413	308	32.5	105,545
法國	923	577	60.4	104,721
德國	672	603	82.4	136,691
印度	793	545	1065.0	1,954,258
義大利	945	630	58.1	92,155
日本	722	480	127.3	265,277
墨西哥	628	500	105.0	209,919
西班牙	609	259	40.2	155,524
英國	1259	659	60.3	91,458
美國	535	435	293.0	673,627
平均	630	421	151.0	310,430

資料來源：美國中央情報局（CIA）世界實況錄（World Factbook），http://www.cia.gov/cia/publications/factbook/

四、市場經濟的存在

市場經濟的存在，作爲分配貨物和服務的一個主要機制，是一股使政治系統規模增長的重要的力量。

在十九世紀和二十世紀很長一段時間裡，許多知識分子、政治家、工人和其他一些人，支持讓工商行號轉型成讓工人或消費者合作擁有，或是讓國家擁有和經營的替代方案。在許多這類的社會主義者的願景中，那些在資本主義制度中主要由市場所做的決定——比如價格、工資、和輸出——都可以完全或部分地由政府官員，或其他一些替代市場的方式來做。[6]當然，我是戲劇性地簡化了社會主義者和其他批判資本主義的人士所提出的綱領性建議。然而我的重點是，早在二十世紀結束之前，這些資本主義市場經濟的替代方案，事實上已經從公共討論裡消失了。它們僅僅作爲歷史的殘餘，而徘徊於名義上爲中間偏左的政黨身上——像是社會主義者、社會主義民主——這些政黨也已放棄他們早先有意成爲社會主義或共產主義社會的夢想。還有，在任何先進的民主國家中，沒有任何主要政黨會員的提倡朝向「生產工具公有化」的社會主義目標來發展。

與社會主義者、中央計畫經濟擁護者、和其他希望完全或大量以某些非市場經濟取代市場的批評家的想法相反，二十世紀的經驗總結顯示，非市場經濟的效率非常之低，同時由於控制經濟決定的力量被放在政府手中，想對領導者進行民主監督就格格不入了。而現代的市場經濟，相反地，由於其多數決定係由多數的參與者所決定，這些參與者彼此之間相對獨立，他們從相當狹窄的自我利益出發，並且接受由市場、產品、貨物和服務所提供的資訊所指引，比任何其他已知的替代方案更加有效率，其規律性和有秩序性令人十分驚異。[7]

更且，將決定權去中心化到無數的個別企業，有助於防止權力的高度集中，而權力的高度集中正是指導型經濟的獨有特徵。這一去中心化特色與其他特色使得市場經濟與民主政體，相較於多數採取集中經濟和國營經濟的極權及獨裁專制國家，更爲相容。

然而，市場經濟除開這所有優點，卻也會有兩種不利後果，在民主政體中造成難以克服的長久問題。

第一，如果沒有規定——甚至有時有了規定也一樣——市場經濟不可避免地、幾乎持續不懈地對一些或許多人造成損害。因爲不斷在市場經濟中發生的動態變化之故而造成的種種損害，是很多的。舉些例子：

失業
只能找到大材小用屈就的工作
貧困
持續的貧窮
住處的缺乏，從失去家居房舍到餐風露宿於街頭
由工作場所的惡劣環境所導致的病症、身體損害和死亡
對自尊、自信心、和尊重的危害
因找工作而搬家以致於失去鄰居和朋友。

第二，市場經濟——無論如何，一個資本主義市場經濟——不可避免地會在公民中產生巨大的資源不平等。這些不平等不止在於收入和財富，甚至直接及間接地，對資訊、地位、教育、接觸政治菁英的管道和許多其他方面，都產生影響。就如同我先前指出的，像這類的資源，都屬於容易轉換成**政治**資源的資源，亦即那些可以被用來獲得對他人產生影響力、權威和權力的資源。所有其他的不平等的政治資源的根源，都被源出於市場經濟的資源不平等給強加複合了。

因爲民主的政治體制能夠使受到市場傷害的那些人動員起來並尋求改革，同時還經常能取得一些成果，因此，自由市場和政府規定之間的界線就經常處於不斷變遷的狀態。此外，某些首先在俾斯麥——他幾乎談不上是個社會主義的擁護者——領導德國時期被採用，而且也在二十世紀期間被所有先進民主國家所廣泛採用（之後甚至連美國也做了）的政策，相當程度地減少了不受規約的市場資本主義（unregulated market capitalism）與生俱來的殘忍和粗暴。諷刺的是，透過削弱市場資本主義對那些弱勢人士的惡害，福利國家進一步地降低了對於非市場社會主義經濟的支持。

總而言之：市場經濟不可避免地、經常地造成對於某些公民的嚴重損害。透過非常不平等的資源分配，市場資本主義也在民主國家的公民中無可避免地孕育出政治不平等。

然而，現代民主國家卻沒有任何切實可行的足以取代市場資本主義經濟的替代方案。

五、對於非民主的國際體系的需要

國際體系對政治平等所造成的問題，能簡約成三個簡單的命題。[8]

- 國際體系制定了對民主國家的公民及其他一些人產生重要後果的決定。
- 國際體系做出的許多決定能導致高度理想的結果。
- 然而國際體系的決定既不是也可能無法以民主方式來制定。

對第一個命題應該不會有什麼爭議。這裡僅僅列出一些例子，想想歐盟、國際貨幣基金（IMF）、世界銀行、國際勞工組織、北美自由貿易通訊協定、北大西洋公約組織、美洲國家組織、聯合國、聯合國發展計畫組織、世界衛生組織等。

再加上全球性企業和市場所產生的重要影響。

也不會有很多人質疑第二個命題，雖然他們可能十分積極地反對某項具體的決策、後果、組織和體系。

然而，如果第三個命題是正確的，那麼我們就會面對一種深刻的、嚴重的對民主的挑釁，進而危及政治平等。

在談論國際體系之**決策**時，我的腦海中有四個可供達成集體決定的基本的社會政治性的（sociopolitical）過程：階層，或者說，**被**領導者控制；討價還價，或者說，領導者**之間彼此**控制；價格體系，或者說，**對**領導者的控制或**被**領導者控制；以及民主，或者說，**對**領導者的控制。[9]

當然，這些是高度簡化和抽象的類型。在現代民主國家中，上述幾種原則沒有任何一種是以純粹類型或與其他類型隔絕的方式而存在的。確實，若我們越是趨近觀察和描述某個具體的系統，這四個在理論上容易區別的程序之間相互的聯結就變得越複雜。儘管如此，我相信，我的基本論點還是相當能夠以如下的方式說明：國際體系的決策作成，包括了階層、菁英間彼此討價還價和價格體系。至於對決策者的有效**民主**控制，是顯著缺乏的，或是衰弱到可說完全不相干的地步。

因此，我們的問題就變成像這樣的問題：我們能期待國際體系發展如現代代議制民主的基本政治體制，並達到類似一個民主國家的水準嗎？有若干理由爲這樣一種懷疑論式的答案提供了辯護。

- 首先，體制必須是**刻意建立的**。它們不大可能透過某些自動自發或盲目的達爾文式的演化來產生。雖然目前歐盟的情況可能是個例外，但我實際上所看見的是，幾乎完全沒可能把整套眞正的民主體制引進任何的國際組織。這幾乎是徹底荒謬的，例如想像一下，世界銀行或者世界貿易組織

（WTO）某天的決策竟是由其內部的一個立法機構來做出的，而該機構是由受該組織之決定所約束之國家的人民所直接選舉出來的代表來組成的。

- 其次，規模問題在國際體系裡被強化得更厲害了。如果在大國中，對政治平等的挑戰已經發展到極限，在國際體系中則是更進一步。
- 第三，種種有關歷史經驗、身分認同、文化、價值、信念、忠誠、語言和其他更多方面的分歧，使人們更不可能在國際組織中創造和運作民主的體制。規模與分歧之間的關係從經驗和理論來看，都不是完美的——比如說，想想看比利時或瑞士的文化歧異吧。但是，一般而言，這關係是正向的，也就是說，規模越大——不僅是公民數增加，同時也是區域數增加——分歧也往往越深。對我而言，這結論用在國際體系上似乎更加真實。對於已經發生在各國內部的現存分歧而言，國際體系在各國內所增加的分歧又是各自不同。

由於歧異的存在，相同的決定對不同的群體會產生不同的後果。事實上，所有政治決定的成本及利益對不同群體都不相同。總有人損失或是獲利。輸家可能讓步得不情不願——或是完全不肯讓步。即使是在民主國家，輸家或潛在的輸家可能會訴諸暴力。在一八六一年時的美國，結果就是內戰。

- 分歧（diversity）是人們之所以抱持懷疑論立場的第四個原因：有需要建立一種政治文化，使公民在處於衝突和危機之時，能支持其政治體制。在民主國家，能在緊急危機的期間保持穩定是十分困難的，特別是那些有巨大內部歧異的國家（我馬上就會回來討論這個問題）。美國人曾耗費半世紀以上的時間發展一個大致而言算是民主和支持憲政的政治文化，但在一八六一年時，卻證明該文化太軟弱而無法防止分裂和內戰。但是如果說，即使是一個有廣泛共享的政治文化、語言、和國家認同的國家，其內聚力也會遭到危機和衝突的威脅，那麼，在缺乏廣泛共享的政治文化的國際體系中，危機和衝突對其內聚力的威脅豈不更加巨大。
- 第五，許多國際性決策十分複雜，使得多數公民很難（甚至不可能）對這類決策表示**考慮得十分周全的**同意。在民主國家中，公民們最不了解的往往是外交事務。那麼，國際體系又如何能夠在國家體系經常失敗之處取得成功呢？

- 最後，**全球經濟、國際市場和跨國商業公司**所構成的國際體系，弄出了許多特殊且極端複雜的關於正當性的問題。那些在內部採取高度層級式治理架構，卻在或多或少競爭性的市場裡運作的商業公司，相當程度地獲取他們的公眾接受度、忍受度、和正當性，不只是因爲消費者從市場競爭中得到好處，同時也因爲國家所採取的規範行動。如果最近兩世紀的經濟史能告訴我們任何事情，那就是，國家規範對保證一個合理層次的市場競爭有絕對的重要性，也可減少不受限的企業和市場可能帶來的損害，並且保證一個比較公正的，或至少比較容易接受的利益分配。如果沒有國家規範，政治菁英和公眾們將很快地把私人企業和市場掃入那著名的歷史畚箕之中。

商業公司和市場在國際的層次上是如何被規範的？一個答案是，他們將受到其他國際組織和程序的規範——WTO、世界銀行、IMF等等。但是，這個解決辦法（雖然可能是可行的）不正是以其他方式再次簡要地重申了我們的「民主的同意」這一核心問題嗎？

我並不是認爲非民主的國際體系就是獨裁專政。或許，我們的詞彙沒辦法給它們一個令人滿意的名稱。我會傾向於把他們稱爲**由受限的多元主義菁英所主掌的政府**。也就是說，在進行決策的時候，那些**國際的政治菁英和官僚菁英**仍然受到**限制**，包括條約、國際協定和最終可能被國家拒絕的威脅；而且，他們標標準準是**多元主義式的**，因爲這些菁英彼此的觀點、忠誠和責任歸屬都各自不同。

六、危機

在我看來，似乎可以相當安全地提供另一個根本的政治法則：**所有的政治系統，不時總會面臨嚴重的危機**。

這些危機包括緊急的內部衝突、內戰、外國的侵略、國際的戰爭、自然災禍、饑荒、經濟蕭條、失業、惡性通貨膨脹和其他問題。現在我們還得把恐怖分子進攻之可能性列上。

在一個民主體制尚未穩固建立、民主政治文化尚且虛弱的國家，光一次危機就可能使民主崩潰並退化到專制政體。這情形在上世紀的拉丁美洲國家和在其他地方經常發生。但是，即使是在一個民主體制以及有支撐力的政治文化已經長久挺立，並相對強固的國家中，只要一次嚴重的危機，也很可能導致從民選代表到行政部門的權力轉移——從議會或國會轉移到首相或總統。

權力移轉到行政部門，這種情況在危機發生時，可能變得特別嚴重，而這些危機所牽涉的政策領域，即使在比較承平的時代，民主的控制就已經很薄弱——尤其是外交事務和軍事事務。比如美國，總統對外交政策的控制總是比國會強大許多。行政權力的增加和立法控制的衰減——先不說對普通公民的影響——在面臨戰爭威脅時特別明顯，一旦戰爭實際發生，那就更是如此。像是最近，恐怖主義的威脅就明顯被當做一個造成權力轉移至行政部門的主要因素——特別是二〇〇一年九一一攻擊之後，權力從美國公民和美國國會轉移到總統身上（我將在下一章回頭討論這部分的經驗）。

國際危機以及恐怖主義威脅的影響，使公民間的政治平等戲劇化地削減，這現象並非美國獨有。或許，沒有比英國更具戲劇性的例證了：爲了危機——外國的危機——把權力從民選代表和公眾手上移轉到行政部門。在那裡，英國首相和內閣選擇支持美國入侵伊拉克，完全不顧具有壓倒性優勢、持續和甚至越來越增加的英國公眾的反對。

所幸，除了外交事務和戰爭這類事務，在其他事務上，我們認爲是「民主」的國家（不管它們有什麼缺點）中的所有公民（包括領導者），彼此間依然維持著一定的或更高程度的政治平等。

在此總結：

到處都一樣，任何一個政治單位中的「公民們彼此政治平等」這一目標都面對難以克服的障礙：政治資源、技巧和動機的分配；無法改善的時間限制；政治系統的規模；市場經濟的強勢；國際體系的存在可能是重要的但不民主；

還有，嚴重危機之不可避免。

在那些我們如今認定可以列入充分「民主」之林的國家中，我們有可能力促超越這些限制嗎？或者相反地，這些限制會阻滯朝向那目標前進的未來過程？或是更糟糕的，它們會造成退步，驅使民主國家朝擴大公民彼此間的政治不平等邁進嗎？不斷增長的政治不平等有可能促使某些國家（包括美國在內）跌落到我們認爲的「民主」門檻以下嗎——即使這些國家的民主層次仍然可能比我們合理認爲是「威權的」或獨裁的或與此類似的其他國家所居的層次要高得多？

簡單地說，會不會這一擁有如此多國家成功進行「民主」轉型的非常歷史時代，就在我們這一世紀裡宣告結束，然後，一個新世代出現了，而在這世代裡，某些原先根基良固的民主國家竟不幸淪爲極不民主的統治型態？

◆註釋◆

【1】如果要看他如何以他精湛的技巧，克服他們民主黨從南方來的參議員同志的反對，進而促成一九五七年民權法案的通過，請參照Robert A. Caro, *The Years of Lyndon Johnson, Master of the Senate* (New York: Alfred A. Knopf, 2002), pp. 944-989, 1004-1005。身為美國總統，Johnson稍後又再度運用他的技巧，確保一九六四年和一九六五年的民權法案能夠通過。

【2】特別重要的是Gaetano Mosca, *The Ruling Class* (Elementi di Scienza Politica), ed. and rev. Arthur Livingston (New York: McGraw-Hill, 1939); C. Wright Mills, *The Power Elite* (New York, 1956)。若要參看批評意見，請參照本人所著"A Critique of the Ruling Elite Model," *American Political Science Review* 52, no. 2 (June, 1958), pp. 462-469。

【3】Mogens Herman Hansen, *The Athenian Democracy in the Age of Pericles* (Oxford: Blackwell, 1991), p. 130.

【4】這個解決辦法已經使新英格蘭小鎮會議得以在佛蒙特持續下去，在那裡，他們看起來是符合了民主的較高水準。請參照Frank M. Bryan, *Real Democracy, The New England Town Meeting and How It Works* (Chicago: Chicago University Press, 2004)。

【5】接下來的，我是引用*On Democracy*, p. 109, and "A Democratic Dilemma: System Effectiveness Versus Citizen Participation," *Political Science Quarterly* (1994), pp. 23-34。

【6】就我所知，「市場社會主義」的理論是一直到一九三〇年代才發展出來的。有一篇很有影響力的作品，Oscar Lange, "On the Economic Theory of Socialism," Benjamin E. Lippincott, *On the Theory of Economic Socialism* (Minneapolis: 1938), pp. 90-98。

【7】Charles E. Lindbolm, *The Market System, What It Is, How It Works, and What to Make of It* (New Haven: Yale University Press, 2001).

【8】見本人所著“Can International Organizations Be Democratic? A Skeptic's View,” Shapiro and Hacker-Gordon, *Democracy's Edges* (Cambridge University Press, 1999), pp. 19-36; “Is Postnational Democracy Possible?” *Nation, Federalism, and Democracy: The EU, Italy, and the American Federal Experience*, ed. Sergio Fabbrini (Bologna: Editrice Compositori), pp. 35-46。此文後來以“Is International Democracy Possible? A Critical View”為名重新發表，收錄於Sergio Fabbrini, *Democracy and Federalism in the European Union and the United States, Exploring Post-National Governance* (London: Routledge, 2005), pp. 194-204。

【9】參見Robert A. Dahl and Charles E. Lindbolm, *Politics, Economics, and Welfare* (New York: Harper and Bros., 1953)。

第六章　政治不平等在美國會惡化嗎？

民主國家的政治平等的未來似乎充滿了不確定性。

讓我們來思考以下的可能性：當前已經存在的政治平等和不平等的程度有可能繼續維持原狀，沒有多大變化；也有可能政治上的不平等將進一步減少，而政治平等則提升到更接近理想的水準；又或許，政治平等甚至將變成一個更爲遙遠的目標，因爲它的障礙物持續成長而更難以克服。一個複雜但並非不實際的可能性是：發展將同時朝兩個方向發生——某些障礙將被降低，而另一些則被提高，然後，整個結果就是繼續保持既有的界線，也就是說，在政治平等上不會有明顯的獲得或損失。或者還有另一個可能性：全面上下變化的結果，就是政治平等的實質衰落，而公民在他們對政府決策的影響上甚至變得更加不平等。

爲了使這不確定性的發展方向比較容易處理，我的討論將以美國情況爲限。並且，我只討論許多可能性中的兩種，其中之一是：美國公民彼此間的政治不平等將實質提高。另一個可能性是，美國人將持續努力貼近那一虛幻的目標。我無意暗示說這兩個可能性比其他可能性更加可能。然而，這兩者都各自以它們的方式顯現出一項對它們的特殊挑戰。

那麼現在一個令人煩惱的問題就出現了：爲了確認政治不平等到底已經增加或減少，並給出結論，我們需要一個能在遠距離對那難以捉摸的目標加以測量的方法。以下我將先討論這個問題（某些讀者可能會希望略過這部分的討論，並且直接跳到我剛論及的兩種關於未來的可能敘述）。

測量政治不平等

想要有根有據地眞正判斷出美國的政治平等的未來，很可能是我們力所不及的。

原因之一是，諸如財富和收入、或甚至健康、長壽以及許多其他可能的標的，有明確的測量方法，但對於政治平等之損益得失，我們卻缺乏關鍵的、足以使我們提出確實評估的測量方式，例如，我們要怎樣才能說「X國的政治平等比Y國好上兩倍」？我們必須依賴的序數性測量方式，至多也只是以「更多」、「更少」、「大概差不多」之類的判斷作爲基礎。我們能下結論說，從一九九〇到一九九九年，美國國民生產毛額每人平均從二萬三千五百六十美元增加到三萬一千九百一十美元，或者說增長了百分之六十五，比德國多出大約百分之二十五，大概是奈及利亞的一百二十二倍。但是，我們無法斷言說，一九五〇和六〇年代民權法案通過之後二十年中，美國的政治平等增加了百分之十五（或隨便多少）。

然而，我們或許可以能夠發展出某種**順序**的測量方法，可以讓我們說某個特定的品質或機制有較大或較少程度地表現出來。這麼說好了，舉個例子：美國的「民主」或者「政治平等」在我先前論及的立法通過之後大爲提升，因爲，這些立法不僅保護非裔美國人投票的權利，也使他們能積極參與其他政治相關活動。我們甚至可能可以說，X國的政治平等的**水平**比Y國的要**高一些**，有時我們也能**基於**某種定量的指標做出具體定性的判斷，譬如，以前被排除的團體，如工人、婦女和非裔美國人，他們取得了公民權和其他重要的政治權利，就是可見的變化。

然而，更常見的是，對於某些特定的基本民主機制在某個特定國家展現的程度，我們必須依賴於**適格的觀察家的判斷**。數年來，政治學家和其他人已經以這種方式，給各國評分、排次，從最民主排到最不民主。列表6.1提供一百二十六個從最民主到最不民主國家的排名摘要。這排名是根據我在第二章中所敘述的代議制民主所必要之四個政治機制，於各國在二〇〇〇年時的存在程度做出來的：[1]

- 自由、公正和定期舉行的選舉。
- 言論自由。
- 多元資訊管道：公民能自由取得除官方觀點之外的訊息。
- 結社自主：有充足的自由以組織政治團體，諸如政黨，以便形成並從事政治活動。[2]

由於民主的政治制度對達成政治平等而言十分重要，因此，像表6.1這種順

表6.1　各國的多歧政治之排名摘要：從1985年到2000年（基於其民主程度而排名的國家數目）

排名	1985年	2000年
1	10	26
2	8	15
3	1	25
4	13	16
5	10	13
6	9	9
7	19	2
8	19	7
9	7	4
10	27	9
Total	123	126

序的排名方式雖然有很多缺點，但仍不失爲一種可大致代表政治平等和不平等的測量方式。

然而，這些分類或其他類似的分類卻有兩種相關的、對這一討論十分關鍵的缺點。其一，起點高低的決定是有些專斷的；其次，那些「最民主」國家彼此之間的差異並沒有界定出來，而另一頭的「最不民主」的國家之間也沒有。如此一來，這個量表就沒有辦法讓我們判斷挪威、瑞

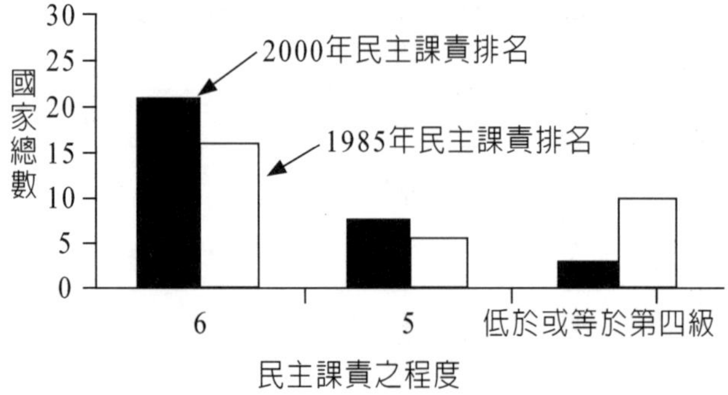

圖6.1　30個OCED國家的民主課責排名的摘要：1985年和2000年（6分的量表，最低到最高的民主程度）

典、或瑞士是否有可能比法國、義大利或美國「更爲民主」（同樣地，也無法檢測最不民主的，或最威權的國家彼此間是否存在重要的差異）。圖6.1比較從一九八五到二〇〇〇年，經濟合作暨開發組織（OECD）三十個會員國之間的民主責任制度的等級。

我們現在所面對的是一個令人更加煩惱的缺陷，那就是：對於處在量表兩端之間的政治系統，我們到現在還沒有一個能被大眾所接受的名稱來指稱它們。雖然這些政治系統還沒到「最民主」國家的層次，但是大概比「最不民主」的國家要好得多。假設說，恐怖活動的威脅造成美國的公民自由的倒退，使得該國從「最民主」的範疇降至量表的較低位置，不過還離最底層很遠——這麼說好了，到量表第四級吧。把這樣一個國家稱之爲法西斯國家、威權國家、極權國家或是專政國家，而與那些在量表的第十級或更下級的國家並列的話，是會造成深刻誤解的——任何曾經在墨索里尼的法西斯義大利、希特勒統治下的納粹德國、史達林的蘇維埃，或是軍政府主政下的阿根廷、智利和烏拉圭存活下來的人，首先就會堅持這點。不過，無論我們選擇叫它什麼，在可接受的從最民主到最不民主的量表上，美國都將不再是處於頂端的一員了。也就是說，美國將不再是一個民主政體。而美國公民距離那個無法達成的政治平等目標更遠了。

然而，假設美國用一個不同的劇本：民主被大大地加強，而普通美國人就有關他們政府的決定的影響力增強到一個新的歷史水準，遠超過表6.1的上層起點之上。如果是這樣，我們又該如何稱呼我們的體系呢？

雖然這問題看來似乎是微不足道的，但若沒有適合的名稱，我們會很容易地把各個政權分別塞入兩個過分簡化的包山包海的範疇：「民主的」和「非民主的」，一個是「好的」而另一個純粹是「壞的」或者「邪惡的」。

爲何美國人可能在對政府的影響力上逐漸變得不平等

讓我現在回到我們兩個劇本的第一個：**美國人的政治不平等將大幅增加。**[3]想知道爲什麼這可能會發生，請參照我在第五章中所描述的達到平等的六個障礙：

1. 政治資源、技巧和動機的分配。
2. 無法改善的時間限制。
3. 政治系統的大小。
4. 市場經濟的盛行。
5. 某些國際組織的存在：它們可能是重要的，但不是民主式的。
6. 嚴重危機之無法避免。

讓我們假定時間持續堅持其不可改變的限制，就大致如同現有的情況。然而，其他五個障礙每個實際上都可以變高變大，於是在美國公民之間產生進一步的政治不平等。

政治資源的分配

二〇〇五年，《經濟學人》上的一篇文章〈美國的實力主義者〉[4]觀察到，在美國人之中，「收入差異日益增長到自從鍍金時代（一八八〇年代左右）以來未見的水平」。在一九七九年，頂端百分之一的人的平均年收入是底層百分之二十的人的一百三十三倍；在二〇〇〇年，則大到一百八十九倍。頂級的一百名企業總裁的薪資在三十年裡從平均工人報酬的三十九倍，上升到超過一千倍。社會流動性也已經下降。根據一項研究，「流動性之增加最大的是在社會的頂尖」。同時，與一般美國人的信念相反，有證據強烈顯示，美國的社會流動性並不比許多歐洲國家更高——而且，事實上可能更低。「美國，」

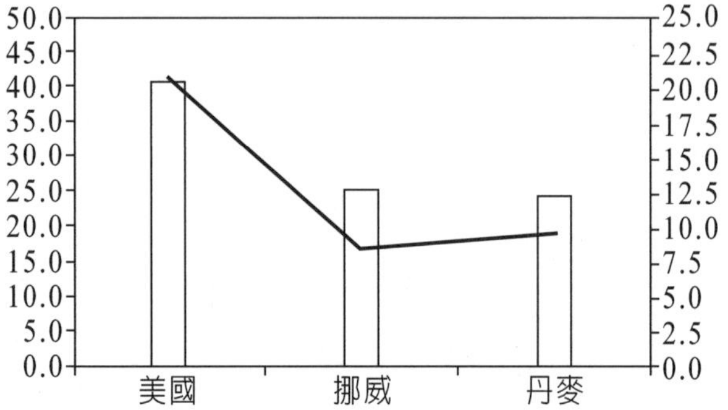

圖6.2 收入和教育的不平等（2000年聯合國發展指標）。左邊的數字代表2002年全球資訊網絡機構（GINI）的收入不平等指標（以長條表示）；右邊的數字代表缺乏基本讀寫能力的人民（從16歲到65歲）的比例（以實線表示）。

該作者做出結論：「正在承擔僵化成歐洲風格之以階級爲基礎的社會的風險。」

無數的研究已經顯示，收入和財富的不平等很有可能衍生其他的不平等。[5]例如教育，《經濟學人》提到，「向上的流動性越來越受競爭所決定」，而且「教育體系越來越被階級分出層次」，這對社會地位低下的貧窮孩子特別不利（圖6.2）。同時，我們關心的重點是，經濟的不平等促使產生政治的不平等。舉例而言，賴瑞．巴特爾（Larry Bartels）的研究已經顯示，面對各式各樣的議題，美國參議員對其富有選民所關心的議題優先反應的程度，遠大於回應那些貧困選民的議題。[6]

政治資源累積的不平等點出某種不祥的可能：這麼說好了，政治不平等可能被推升到一個無法倒轉的層次。高特權階層的權力、影響、和權威方面累積的優勢可以變得那樣巨大，以致於即使低特權的美國人組成公民的絕大多數，他們還是無法、甚而不願意付出爲了克服那些被部署來打擊他們的不平等的勢力所需要的努力。

如果我們假定，大多數美國公民可利用的政治活動時間，或是預備可供利用的政治活動（以犧牲其他活動時間爲代價）時間，大約和過去一樣，這悲觀的情節發展就會看起來更說得通。政治鬥爭的成本可能因此變得非常之高，以致於只有極少數美國公民願意犧牲時間及其他必要的資源，以壓制上階層（這些人更樂於保護他們已有的特權地位）所擁有的那些優勢資源。

市場資本主義和人類的脾性

許多美國人毫無疑問地認爲，要降低政治資源之不平等的成本太高，花費的時間和努力太大，這完全是因爲**他們認爲這樣做獲益甚低或甚至根本沒有**。即使降低資源的分配不平等，但缺乏可預見的利得，對他們而言，這比政治鬥爭的高成本更重要。簡單地說就是，鬥爭的成本超過獲益。

他們這種對成本和獲益的看法得到文化規範的大力支持。這是一個具有歷史意義的大嘲諷，雖然馬克思（Kral Marx）過度誇張了經濟結構對文化的影響，市場資本主義體系似乎確實大大地培養一種「消費者」文化，來削弱任何對資本主義的潛在反對者，並加強其擁護者的力量。

讓我來解釋一下。

有無數的研究顯示，毫無疑問，收入水平最低的人的收入和消費若是增加，他們的幸福健康也會在許多重要方面上獲得改進。但是，這無數研究也同樣顯示，若是收入已經超過一個相當程度的水平之後，再增加收入，不見得能產生較大的「幸福」，也不見得對其生活品質感到滿意（我將在下一章回頭討論這點）。那麼，爲什麼在那些不論是以過往歷史的還是當代的標準來衡量都算特別富有的國家中，大多數人民不僅不止於滿足基本需要，還繼續尋找對收入、支出，和消費的「更高」層次的滿足呢？

在闡述到底是什麼事物驅使人們爲了更大的政治平等而奮鬥時，我的看法和那些過度看重人類理性之作用的許多哲學家相反，我認爲，各式各樣的人類情感與情緒也發揮了作用。這些情感中，特別要注意妒羨或不公平，也就是，當我們拿我們自己和其他人比較時，也同時發現，在沒有任何說得通的理由的情況下，別人竟過得比我們好。這所謂的「其他人」，當然是與我們**有關**的其他人，是那些無論因爲什麼原因而被認爲與我們有關的人——像在隔鄰的籠子裡的南美捲尾猴一樣——那或許是同桌吃飯的兄弟姊妹、住在同條街上的鄰居、工作場所裡的上司，或甚至在廣告中出現的某個虛構角色，但可讓閱聽人辨別並與其比較。

在加強具競爭性的消費文化和實踐上，妒羨扮演了強大的角色，其實例到處可見。賓士汽車的訴求在其全頁廣告中清晰明確，而僅僅使用了六個詞彙來描述新款的「新2006 E350」：「馬力更強、引擎更大、妒羨更深。」[7]或者可以參考看看《紐約時報》稱之為「遷徙者（relos）」的描述——意指那些往較「好」社區搬家的家庭——「今天的遷徙者是六〇年代的流動白領工人先鋒的踵繼者。研究者發現，他們代表一個較大發展潮流的一個部分，這個發展潮流也就是經濟區隔程度的增加。這些遷徙者比較不會以舊有的障礙隔離他們自己，也就是說，對他們而言，種族、宗教、和國籍比起年齡、家庭狀態、教育而言，較為不重要，但最重要的區隔標準是收入。年收入十萬美元的家庭搬到那些位於郊外、為那些收入有三十萬美元的家庭所建造的房屋；而年收入二十萬美元的家庭則升級住到五十萬美元階層的房子。」[8]

解譯賓士汽車的廣告，消費主義的座右銘大概可以這麼說：「更多東西、更多貴的東西、更多讓人妒羨得要死的東西。」美國人在他們的消費文化的掌握中，還繼續被向前推進——從他們的眼光來看或許該說是向上推進——被他們對處於上升電扶梯高一級的人們的羨慕忌妒所推動。同時，除了在金字塔最高頂端的少數人之外，或許連他們也在內，也總還是有一山更比一山高的羨妒。最近在南塔克島（Nantucket Island）的有錢人之一提供了這樣的說法：

> 這有錢的老傢伙有一架雙翼飛機，這簡直是不可思議……在他們的年代，這是了不得的大事。但現在呢，他跟一個只有他一半年齡的傢伙聊天，而那年輕人卻擁有一架能橫貫大陸的噴射機，他們聊到這裡就再也聊不下去了。
>
> 又或許你會遇到有人這樣開始跟你聊他的船，說他的船有四十五呎長，他對之十分得意。然後，他就會問你：「你有船嗎？」然後你回答：「有呀。」再來他就追問「你的船有多大？」這是人們如何劃分等級的一個辦法。既然問到這份上，那我也就不得不開口：「我的船有兩百英呎長。」果然談話就到此嘎然爲止。有妒忌的成分嗎？我想有吧。他在他的時代裡算是一個富有的傢伙嗎？絕對是，但是到今天還算是嗎？大概不了。不過，只要他們別說太多話，這兩個世界還能湊合。[9]

消費主義文化對美國人思想和行爲的影響，所發揮的效力比我稱之爲公**民文化**的要多得多。自亞里斯多德以來，哲學家認爲，在一個理想的政治社會中，公民與其他人會積極地從事追求「所有人之共善」。從一種較爲實際和較不挑剔的觀點來看，美國人依然還是對其「共善」之構成成分究竟爲何，沒有一致的意見，但是，公民文化將鼓勵產生一群足夠大量的公民群眾，他們會把從事政治活動當做一種達成其目標的手段，而賦予較高的價值。這些目標中，有一項就是：爲更大政治平等的達成，減少其目前所遭遇的障礙。

但只要美國人仍然受制於強勢的消費主義文化，那麼，就連這一小小的成就，也依舊遙不可及。

規模大小之兩難困局造成非民主的國際體系

名義上獨立的民主國家中的決策者，將會不斷面對因規模大小而造成的兩難困局。他們將面臨如下的問題：安全、貿易、財政、勞動標準、健康、移民、貧窮、饑餓、人權違反，還有其他許多，這些問題不僅相當大程度地衝擊了自己的人民，還會跨出國界延伸到其他地方。爲了設法解決像這樣的問題，決策者經常會選擇稍微犧牲他們國家的主權，而加入國際條約、組織、同盟和其他聯合體，並受其約束。

美國雖然又大又強，但也不能對上述這些挑戰免疫。但如果因此就做出結論，認定國際組織的重要性和影響將繼續增長，這又似乎太過似是而非了。除了歐盟（美國並非其會員）這個可能的例外，國際組織的內部治理機構不會是民主的。如同我在先前章節中指出的，國際組織將由官僚治理，這些行政機構領導人透過他們彼此間的上下層級和討價還價，做出他們的決定。即使美國政府試著以某種方式，讓國際組織的治理機構對在其決策範圍內的行動負責——這是很難的——美國公民在這過程中所扮演的直接或間接的角色也都將小得可憐。

爲了避免誤解，讓我在此重申，國際組織不僅不可能不存在，規模大小之兩難困局也意味著，它們經常還是達成美國人理想目標的可欲方法。但即便如此，還是要對美國人加入國際組織這一利多，付出代價：大多數美國公民，和他們的行政機構領導人與政治領導者之間，將產生更大的政治不平等。

恐怖主義

正如我在第四章中所指出的，民主國家（或許實際上，在非民主國家中也一樣）在危機發生之際，通常導致重要決定之控制權被移轉到行政部門。或許，最大幅度的移轉的發生，就是國際危機的副產品，比如戰爭，以及激動人心且危害大的外國恐怖活動（如最近的美國經驗）。對我而言，這麼說似乎完全沒有任何誇張，從二〇〇一年九月十一日的攻擊之後的若干年來的經驗看來，一般美國公民對有關美國政府回應這些恐怖攻擊而採取的具體行動，除了對總統這一決定之「民主」正當性表示贊同外，幾乎沒有發揮任何影響作用。公民控制的微弱沒有比在入侵伊拉克的決定上更明顯的了。除了對其表示默認，一般美國公民就有關美國政府回應二〇〇一年九月十一日的攻擊所做的具體行動，實際上完全沒有任何影響力。

更進一步的例子是，由於總統和他的高層官員所提供的，事後證明不但是誤導甚至是根本錯誤的資訊，那些由公民選出的國會代表，很快地便淪落到以替總統所提出的行動計畫背書的形式方式來參與整個決策。總統和他的官員不斷堅稱伊拉克擁有大規模的破壞武器，以此說服國會及公眾支持總統的決定。自此之後，國會對總統和他的高層官員的決定的控制力，就幾乎只剩下被動的批准而已。簡而言之，正因總統和其他某些行政部門成員幾乎絕對操控對「反恐戰爭」的影響力，美國人的政治平等因此已經下降到非常顯著的低度層次——至少在這個重要的議題上是如此。事實上，如果我們說美國總統**在這個領域內**的權力已經接近某些堂而皇之的非民主政體統治者的權力，這也不算什麼極度誇張的講法。

接下來的是，恐怖活動的威脅被總統和他的夥伴用來建立對監視、控制、及逮捕公民與非公民的系統，腐蝕了以前受司法所支持的權利和自由。同樣地，此處所謂的國會控制在很大程度上只包括對總統的決定的批准。

美國境內恐怖活動的再度復發，很可能會導致把權力、影響力和權威更進一步移轉到總統手上，把國會已經極弱化的角色更加削弱；同時，透過總統所擁有的最高法院及其他聯邦法院法官的指派權，司法對行政決定的審查也遭到弱化。由於公民對政府重大決定的直接影響力逐漸衰落，對他們所選出代表的影響力也同樣弱化，美國政治不平等的層次，可能會墜落到使美國人的政治體系還低於二十一世紀初頗爲廣泛接受的民主制度的起點之下了。

託付授權之迷思

恐怖主義將導致權力、影響力和權威移向總統的可能性，已經被那個「美國人民」經由總統選舉爲勝利者「賦予權力」的迷思所加大了，這授權讓他可以將他在競選期間所宣傳的政策一一實現。[10]在某程度上，如果選民和國會議員接受總統的主張，說他有「從美國人民那裡獲得的託付授權」，那麼總統的各項政策就獲得了加倍的正當性。畢竟，多數者的意願不該占上風嗎？而且，如果多數人民已經給了總統一個「授權」，那麼，讓國會來採用他的政策，難道不是完全恰當（事實上也是盡義務）的嗎？

「授權」這一主張持續存在，即使它是建立在兩個完全可疑的假定上。

- 雖然此一總統被授權（如果不去管這單字本身）的主張可以被遠溯到安德魯・傑克遜（Andrew Jackson）的時代，但由於缺乏科學化的民意調查，使得一九四〇年之前的任何這類主張都令人完全無法確信。一次選舉的結果所能提供的唯一可靠訊息，就是勝選者和落選者的得票數。如果缺乏大量隨機抽樣的、足以代表全體選民的科學化調查，我們怎樣才能知道多數選民投下他們選票那一時刻的**心中意向**？即使科學化民意調查於一九四〇年問世，也沒能滿意地解決問題。這麼說好了，大量隨機抽樣可以相當精準地測知全民全體的意見分配，但是，如果民意調查專家的問題無法讓受測者細心地**審慎思議**的話，那麼，他所得到的答案就不過是膚淺的回應而已，不一定是投票者如果有機會獲得更多訊息、更多時間來考慮所議之政策的意涵，並與他們的同儕及獨立的專家進行討論時，所會實際支持的。

- 「授權」這一主張還有第二個嚴重缺陷。由於兩黨以外還有第三方候選人參與競逐，以及選舉人團的變化難測，所以，大約每三次選舉就有一次總統職位獲選者未能取得過半數選票。不僅如此，要是投第三方候選人的那些選民的第二選擇也可以作為選票計入的話，輸家反倒可能成為贏家——並且毫無疑問地，這個新贏家將會主張**他的**政策已經獲得「授權」了。雖然約翰·甘迺迪（John F. Kennedy）於一九六〇年總統選舉獲得的選民票總數低於百分之五十，但「在選後那一天，以及此後的每一天，他都拒絕國家未予授權的說法。每次選舉都有一位贏家和一位輸家，他說得很實際。雖然和國會之間會有些麻煩，但就算只贏一票，也依然是一種授權」。[三]在二〇〇〇年，艾爾·高爾（Al Gore）獲得選民總投票數的百分之四十八點四一，而喬治·布希（George W. Bush），這個選舉人團的勝利者，卻只得到選民票總數的百分之四十七點八九。而且，那些把票投給第三方候選人選民中，多數或許更傾向於高爾，而非布希。但這些都沒法制止布希的支持者聲稱他的政策已經獲得「授權」，其中的幾項政策，例如廢除遺產繼承稅，他就設法讓一個服從的國會將之順利通過。[12]

雖然這一由選舉而產生「授權」僅是一個迷思，但對這迷思的信仰，卻大大地提升了美國總統的權威和影響力，特別是在危機時刻。

◆註釋◆

【1】我感謝Michael Coppedge提供給我表格6.1的級別數據。由於所討論的國家通通都有代議制體系和普遍投票權，故而在級別討論中加以省略。

【2】級別分數所根據的各類別的充分項目，都列在附錄裡。

【3】關於政治不平等是如何在美國被培養的，請參照*American Political Science Association Task Force on Inequality and American Democracy, American Democracy in an Age of Rising Inequality* (American Political Science Association, 2004)。

【4】*The Economist* (Jan. 1, 2005), pp. 22-24.

【5】請參照這一系列十篇的"Class Matters"，刊載於*New York Times* (May 22, 2005-June 12, 2005)。

【6】Larry M. Bartels, "Economic Inequality and Political Representation"，未出版，草稿，2005（請見http://www.princeton.edu/7Ebartels/economic.pdf）。

【7】同前註，May 27, 2005, A9。

【8】*New York Times* (June 2, 2005), A12.

【9】"Old Nantucker Warily Meets the New," *New York Times*, June 5, 2005, 16.

【10】參見本人所著"Myth of the Presidential Mandate," *Political Science Quarterly* 105, no. 3 (Fall 1990), pp. 355-372。以及Stanley Kelley, Jr., *Interpreting Elections* (Princeton: Princeton University Press, 1983)。

【11】William Safire引用甘迺迪的助理Theodore Sorenson的話，請見*Safire's Political Dictionary* (New York: Random, 1978), p. 398。

【12】在*Death by a Thousand Cuts: The Fight over Taxing Inherited Wealth* (Princeton: Princeton

University Press, 2005）一書中，Michael Graetz和Ian Shapiro很小心地重建了以George Bush為主導的希望廢除「死亡稅」的總統聯盟，其穩定的謀略勝過它的民主黨對手，並再次在國會以及公眾獲得足夠力量，通過廢止課徵遺產稅。

第七章　政治不平等爲何可能降低

雖然對我而言，上一章裡我所描繪的屬於悲觀劇本中的某些事情好像非常可能發生，但基於下面的幾個原因，我將鼓勵大家，不要以爲這悲觀的將來是無可避免的。

首先，我在第三章所提及的過去幾個世紀裡所發生有關政治平等的巨變——更別提其他的巨大變化——建議我們，對將來的可能性保持開放的心態。活在一七〇〇年的人——就這點而言，或甚至是活在一八〇〇或者一九〇〇年的人——有多少位能預見在二十一世紀前夕會這樣大規模地走向更高的政治平等？

第二，是我很快就會回過頭來討論的一個論點：社會主義的終結，並沒有使意圖降低市場資本主義之不公的努力及政策也理所當然地隨之終結。繼早先的「福利國家」改革以及美國的新政之後，市場資本主義造成的持續危害激勵了對此關切的學者和其他人等，去探索更可以降低我們不合理的社會的、經濟的、政治的不平等的方法。其結果，是一大串深思熟慮的計畫，其中一些列在表7.1。

表7.1　提高美國政治平等的改革方案

	改革方案	內　容	資料來源
直接處理政治平等的改革	競選財務改革	擴大麥凱恩—范戈爾德立法（McCain-Feingold legislation）。對公司、工會和個別捐款人施加更多限制，減低他們的運用財富以影響政治家的能力。以採取強迫使用527政治組織的法規的方式，迫使他們向FEC登記並且遵守類似於政黨所採用的的捐款限制規章。	A. Corrado and T. Mann, "Flap Over 527s Aside, McCain-Feingold Is Working as Planned," The Brookings Institution, May 2004.
	選舉人團的改革	提升投票者／公民的參與。建立一個新的非黨派的中立機構來設定投票設備的技術標準、蒐集關於各種選舉體制的表現的系統數據，並且調查在選舉行政的各個方面的最佳實踐。聯邦政府撥款項目也應被設立以幫助州及地方政府能把他們的選舉系統各方面	T. Mann, "An Agenda for Election Reform," The Brookings Institution, June 2001.

表7.1（續）

	改革方案	內　容	資料來源
		加以升級（亦即，維護戶籍登記表列、投票計算機、投票所員工和投票者教育）。	
	選區重劃改革	降低重劃過程中的同黨和現任者的操作。說服國會採用以州為主的重劃的新增標準。說服法庭裁定蠑螈選區計畫（gerry-mandering plan）不符憲法。改變各州規劃立法地圖的過程。籌建獨立且中立的重劃委員會。	T. Mann, “Redistricting Reform,” The National Voter, June 2005.
間接處理政治平等的改革（透過提升經濟和社會平等	全民健康保險	透過現有的醫療保險計畫（Medicare program）來建立全民健保。雇主或者自動幫雇員加入那些至少像強化醫療保險計畫一樣慷慨的保險項目，或是繳付一定數額的以薪資為基礎的定期款項，來幫助他們的雇員加入高級醫療保險計	J. Hacker, “Medicare Plus Proposal: A Plan for Universal Health Care Coverage.” 關於此提議書細節部分，請參照pantheon.yale.

表7.1（續）

	改革方案	內　容	資料來源
來完成）		畫（Medicare Plus）。那些沒有工作也沒能讓州政府納入醫療計畫的人，應該獲得購買個人健保的選擇，保費的計算則以其收入之高低而定。	edu/~jhacker.
	讓窮人提高儲蓄的計畫	以擴大／永久化在2001年制定的〈儲蓄者信貸計畫〉來幫助那些最有退休金準備不足危險的家庭提高儲蓄。〈儲蓄者信貸〉提供一筆政府對稱投入的貢獻（對那些收入較少的人而言是較高的）以不可退還稅負減免的形式，給個人自願退休儲蓄帳戶繳款（即IRA退休儲蓄帳戶）。	W. Gale, J. M. Iwry, and P. Orszag, "The Saver's Credit: Expanding Retirement Savings for Middle-and Lower-Income Americans," Retirement Security Project, March 2005.
	提高最低工資，增加賺得所得稅減免	擴大增加收入及在低收入的工人中加強全職工作的政府計畫。	I. Sawhill, and A. Homas, "A Hand Up for the Bottom

表7.1（續）

	改革方案	內　容	資料來源
	（EITC），並且擴大兒童保育補貼。		Third: Toward a New Agenda for Low-Income Working Families," The Brookings Institution, May 2001.
	使高等教育為更多的人服務	創造大學稅負減免或給中產階級家庭學費扣除額。	A. Gore, 2000 Presidential Debates, St. Louis, October 17, 2000.

備註：感謝史蒂芬·可普蘭（Stephen Kaplan）替我製作這個表格。

最後則是，那些無法預見的、幾乎導因於極少數人之行動而引發的歷史事件，會產生特別的重要性：例如，一九一四年費迪南大公被暗殺之後發出的宣戰文告；一九一七年列寧從瑞士來到了聖彼得堡；一九三三年底希特勒被任命爲德國總理；二〇〇一年九月十一日美國紐約和華盛頓遭受的恐怖攻擊等。

在這最後一章，我將探索以下這種可能性：美國文化和價值觀的一種雖然很不可能但並非絕不可能的改變，將有助於政治平等的目標多少被拉近了一點。[1]讓我再一次強調，我認爲這種發展只是眾多可能性中的一種而已。而我在最後一章裡所描述的「政治平等一路降下去」的可能性其實更大。然而，這種淒涼的將來絕非無可避免。

在探尋一個較有可爲的方案的過程中，我會假設恐怖主義的危險在未來的幾十年裡依然存在，只是，它所帶來的威脅，已經開始被看成不過是我們生命中持續出現的危險之一，是我們必須學習忍受的。在許多對生命的日常威脅中，恐怖主義占有其一席之地，這些日常威脅包括：四十三萬五千例吸煙致死事件；八萬五千起酒精致死事件；兩萬六千起汽機車碰撞致死事故；兩萬九千起火器相關傷亡；殺人事件則有兩萬起，還有其他等。儘管每次死亡的悲劇性不會極度減低，但反恐「戰爭」可能就變得和那些司空見慣的抗煙草、抗肥胖、抗酒精、抗愛滋病、抗毒品之類的「戰爭」一樣，成爲我們日常生活中的一部分。實際上，一個向該方向變化的早期徵兆，是布希政府成員二〇〇五年七月時的語言變化，那時候，他們開始用「全球反抗暴力極端主義的鬥爭」來取代「對恐怖主義的戰爭」。[2]

我們有對策，但我們有意願嗎？

那些被我列在表7.1裡的行動，可能可以降低存在於美國公民之間，令人無法接受的高度政治不平等。

就如同該表格所顯示的，有許多政策如果能獲得採用，將有助於我們更加接近政治平等的目標。然而，問題的癥結不在於**對策**之有無。我們有的是對策。我們美國人缺乏的是採取這些行動的**意志**。

這就把我引到我所說的第三個使希望不致破滅的理由：一定會發生一種情況，那就是，先進資本主義將培養出對我們的消費崇拜的反抗，以及對我們把焦點集中在不斷增加消費者的反感。對越來越多的人來說，「消費者滿意」的目標可能次屬於「公民參與」的目標。目前占主流地位的消費主義文化隨後有可能讓位給一種公民精神文化（a culture of citizenship），那將提升美國人彼此間的政治平等，以及其他追求。

從消費主義到公民精神

這難道只是一個面對現實時注定失望的烏托邦之夢嗎？難道它就和那些貫穿十九世紀和二十世紀大部分時間的社會主義者和其他人們所做的夢一樣，相信資本主義市場經濟將被社會主義體系以和平或暴力之方式所取代，「私人」的所有權及對生產工具的控制和分配，將被某種形式的「集體」或「社會」所有權及控制所替代，並且，那些由於資本主義所造成的嚴重不平等，也將被一個更高程度的經濟的、社會的、政治的平等所取代？正如我在第四章所指出的，遠在二十世紀結束之前，這些夢基本上已經幻滅，因爲越來越多的人們了解到這嚴酷的現實是：那些要用社會主義來代替市場資本主義的全部嘗試，都已經悲慘地失敗了，不僅在經濟上失敗，而且以民主的觀點來判斷，在政治上也失敗了。把托洛斯基（Trotsky）的名言反過來用，我們可以說，用以取代市場資本主義的社會主義計畫，已經被掃進歷史的垃圾箱裡了。

這是我的建議將遭遇的預定命運嗎？亦即消費文化可能讓位給公民權利義務文化？之前的幾次經驗建議我們，對這樣匆促的結論得非常小心。

社會主義的成功以市場資本主義的**失敗**爲條件。而從消費主義到公民精神的這種文化移轉，是很有可能發生的，但這並非因爲市場資本主義的失敗，而是由於它的**成功**。馬克思預言「資本主義的矛盾」將引發在人群意識、文化、社會、政治和經濟方面的革命性變化。不過，資本主義卻拒絕照他的劇本演出。

資本主義的眞實矛盾是這樣的：它成功地滿足了一個有力的人類本能驅使

（持續增加對資本家企業出產品的消費），但這與另一個更有力的人類本能驅使彼此互相矛盾。這個更有力的人類本能驅使便是追尋快樂，或是幸福感（如果你偏好這麼說的話）。許多研究結果已經顯示，一旦人們已經達到某個相當合適程度的消費水準，那麼，就算給予他們更多的收入和消費，基本上也不會使他們幸福感或愉快感跟著增加。隨著富有國家有越來越多的人民體驗到這一基本的人性面向，他們將開始追求更能滿足的成就形式。在一個像美國一樣的富有國家，很多人可能開始發現，有某些類型的政治參與會使人更感到滿足，因而不願在資本主義不斷擴大的貨品和服務的產量上花費更多時間、精力和金錢。強調公民精神的文化可能可以把我們居於流行文化核心地位的、被過度強調的種種消費主義樂趣，輕推到一旁。換句話說，有越來越多的美國人可能從熱衷的消費者進化成活躍的公民。

國民生產毛額所能測量的，以及所不能測量的

我們的消費主義主流文化所具有的正當性，已經被一個有高度影響力的智識觀點所提高，這種觀點認爲，經濟的增長和發展，以消費者的滿意度爲衡量標準。且讓我一一道來。

新古典主義經濟理論對市場資本主義體系的效率，提供了一個強而有力的、往往有用的，而且時時合乎邏輯地優雅實證範例。簡單地說，根據這一理論模型，獨立商業公司在自由市場中競爭土地、勞力和資本，將之變爲貨品和服務後，再投入競爭市場，出售給消費者。繞過獨占、寡頭壟斷、不公正商業行爲及其他與模型不符的令人討厭的問題，我在這裡想叫大家在量度競爭性市場資本主義的結果時，注意**消費者之中心性**。一項貨品或服務的「價值」，在於它是否「滿足消費者之偏好」。「經濟效率」是由生產中所使用貨物和服務的「成本」，和因應市場需求而生產之產品的「價值」，這兩者間的比例來衡量的，在那裡，輸入和產出是根據它們在競爭市場中的價格來量度的。

一個國家的國民生產毛額（GNP）因此就是爲消費者生產的淨產出的總數，且以市場價格來衡量。一個國家的人均國民生產毛額（GNP per capita）就是它的國民生產毛額除以該國境內的人數。如果我們嚴格遵守理論模型的限制，那麼就可說，如果人均國民生產毛額越高，在該國的民眾中的「消費者滿意」度也越高。如果消費者滿意的程度越高，那麼該國人民的境況就更好。於是接下來，如果一個國家的國民生產毛額增加，那就表示它的人民的境況更好。同樣地，如果美國人的人均收入比瑞士人或澳洲人高，美國人也就比瑞士人或澳洲人更爲富庶。

但是，這種結論要不是流於循環推論，要不就是錯誤。如果所謂「境況更好」的定義，是消費者有更多的貨物和服務以供消耗，那麼，這推論就完全是循環的：境況更好→有更多的貨物和服務以供消耗→境況更好。但是，如果我們相信我們生活的品質不僅僅在於消耗量的多寡，如果「生活品質」應被解釋爲一種必須經過觀察和量度之後才能獲得的實證性陳述，那麼，前面的陳述就可證明是錯誤的。

生活品質

「生活品質」可以用幾種模式來評估。某些評量等級——我稱之爲「客觀」——結合了健康、就業、家庭生活等各方面的評量。其他的我將稱之爲「主觀」，是基於某些人爲的判斷，這些人是被隨意抽樣選取來調查和採訪的，他們被問到關於自己對幸福的感覺，或是他們自己生活的品質。許多跨國際的研究都支持下述這些結論：

- 收入的增加很可能導致某些人（這些人的收入低於一個相對低度的但卻關鍵的門檻數額）的生活品質有大幅改進。我將稱之爲**生活品質門檻**。
- 從而，對那些在生活品質門檻下面的人們分發適當資源，將平均地大幅度改進他們的生活，就像以客觀和主觀的評量等級所測量的那樣。
- 在許多先進國家中，人民的平均收入遠遠超過生活品質門檻（圖7.1）。與在生活品質門檻下的那些人形成鮮明對比，對許多在這個門檻上的人來說，他們的生活品質並不因爲有更高收入或更巨大消費而提升。因此，對

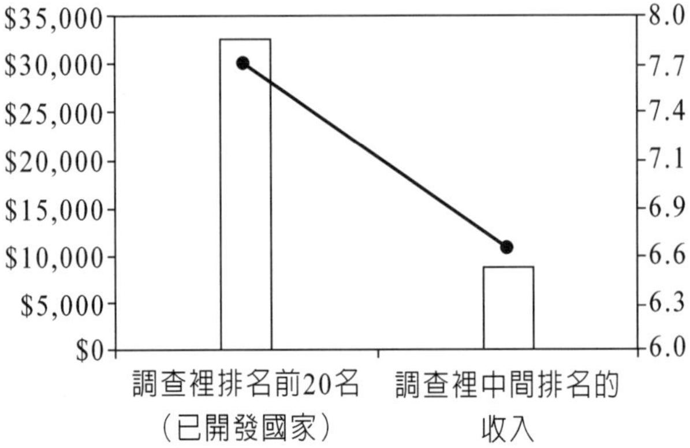

圖7.1 那些遠較生活品質門檻為高的高收入國家（根據2005年《經濟學人》所做世界生活品質調查），左列數目顯示以美元計算之每人平均國內生產毛額。右列數字顯示生活品質分數（以實線表示）。

先進國家人民而言，個人收入的增加似乎並不見得因而讓他們對其生活感到更高層次的滿意。譬如，他們自己就評估，他們一點也不比以前更加快樂。一位《華爾街日報》的作者說道：「自第二次世界大戰以來，美國人均國內生產毛額（GDP per capita）已經增爲三倍，但是生活滿意度（以諸如問一些類似『整體而言，你對你的生活有多滿意呢？』的問題的問卷來測量）卻沒有什麼改善。日本也一樣，從一九八五年起，人均國內生產毛額的上升著實驚人，然而舉國的幸福程度卻平平。大部分西歐國家的實際情況也大致如此。」[3]

- 人均國民生產毛額的增加，無法提高幸福或對生活的滿意，這一點在高水準國家彼此的相互比較中，也同樣出現。儘管美國人均國民生產毛額很高，但根據客觀的測量，美國人的生活品質和其他許多先進民主國家的人民比起來，並不算高。從某些方面來看，其實還更低。一個對許多國家生活滿意度調查的研究指出：「雖然主要原因是收入，……但其他事情也很重要：健康、自由、失業、家庭生活、氣候、政治穩定度和安定、性別平等，及家庭和社區生活。」運用以這些因素爲基礎的量度，這項研究評比一百個多國家。不令人意外的，比較富有的國家確實名列前茅。但是，在這些富有國家中，美國排名十三，落在愛爾蘭、瑞士、挪威、瑞典和其他八國的後面（表7.2）。[4]

表7.2　2005年世界生活質量指數

	生活品質		人均國內生產毛額	
	分　數	排　名	美元相對購買力	排　名
愛爾蘭	8.333	1	$36,790	4
瑞士	8.068	2	$33,580	7
挪威	8.051	3	$39,590	3
盧森堡	8.015	4	$54,690	1
瑞典	7.937	5	$30,590	19
澳大利亞	7.925	6	$31,010	14
冰島	7.911	7	$33,560	8
義大利	7.810	8	$27,960	23
丹麥	7.796	9	$32,490	10
西班牙	7.727	10	$25,370	24
新加坡	7.719	11	$32,530	9
芬蘭	7.618	12	$29,650	20
美國	7.615	13	$41,529	2
加拿大	7.599	14	$34,150	5
紐西蘭	7.436	15	$25,110	25
荷蘭	7.433	16	$30,920	15
日本	7.392	17	$30,750	16
香港	7.347	18	$31,660	11
葡萄牙	7.307	19	$19,530	31
奧地利	7.268	20	$31,420	12

資料來源：The Economist, Pocket World in Figures, 2005 edition (London: Profile Books, 2005), 30.

- 在這個「更高的收入=更大的幸福」的等式裡有一個主要的問題，就是地位焦慮感的自我打擊作用（the self-defeating role of status anxiety）。很多美國人把這等式解讀成「高收入=高度揮霍性的消費=高地位=更大的幸福」。但是，爲數眾多的研究顯示，這個等式也是錯的。地位之階梯雖然不是無限高，但梯子的踏板也多得數不清了，每後一級都比前一級更高。所以，一個人一旦踏上更高一階，立刻可以抬頭望見，上面顯然還有更高收入、更高財富和更高地位的人。

因爲有這些令人印象深刻的證據來支持那些前面提過的主張，於是就變得好像可能，甚至相當可能，將來（在生活水準已經高於我們早就超過的最低起點後）會有越來越多的美國人支持那個古老格言：「錢買不到幸福。」

但是，如果用錢買不到幸福，美國人又能在哪裡找到生活的滿足？他們不會開始質疑這一盛行文化（極度去強調有多少人可以透過無止境地消費由市場資本主義所提供的貨品和服務來獲得滿足）嗎？難道不會有越來越多美國人發現，他們能從與其他人共同合作，來發現和確保可以實際提升不只是美國人，還有那些在美國境外數百萬人的生活品質的方法，來獲得對生命的滿足？這樣一來，消費主義文化還不會讓位給公民精神文化嗎？

早期的反主流文化運動

考慮這問題，有助於反思過去幾個早期運動的興起與衰落，而在這些運動中的年輕美國人，多數出身於特權階層，卻反對在他們的父母和祖父母的生活過程中占據如此重大地位的文化和價值。兩次分別發生在美國一九六〇和七〇年代的這類運動，只牽涉了少數富裕的年輕人，而且很快就消聲匿跡，使得強勢的消費文化不但完好無缺，或甚至更加強化。

反文化

其中一項是「反文化」（counterculture），它已經被描述成「在一九六〇年代大行其道的非主流價值與行爲，包括試驗迷幻藥、公社生活、回歸大地、亞洲宗教和實驗藝術」。[5]年輕人通常被稱爲「嬉普士」（hipsters）或者「嬉皮士」（hippies），主要來自中上社經階層，他們對抗周圍充斥的追求資本主義、工作、收入以及事業的文化，反而選擇追求一個（以主流標準來看）常把享樂主義和嗜好推到極端的那種生活風格。反文化的某些面向，可能會被看成是對某些消費形式的全心投入，而完全不理那些主流文化。對於這些反文化的成員來說，他們想要的消費品是性、禁藥、遊樂和其他追求類似目標的人的友誼，有時是在公社裡，有時則是在像舊金山海特—阿什伯（Haight-Ashbury）一樣的社區裡。

反文化的許多年輕成員不曾深切反抗市場資本主義的明顯不義，因爲他們根本就漠不關心，他們選擇追隨他們自己的快樂，並對那些在他們自己小圈圈外面的人毫不在意。如此看來，反文化可能作爲一個利己主義消費者的象徵，這些消費者的滿足也正是市場資本主義所提供的成就量度（即便他們擁有的重要市場中有一些是非法的）。

不過，對很多反文化成員而言，他們所追求的立即享樂已經證明並不能使人滿足，有時甚至導致自我毀滅。同時，隨著年輕人中反文化流行程度的衰退，它幾乎沒有對市場資本主義結構、盛行的消費主義文化、美國政治和公共政策的狀況，和持續存在的廣大的社會、經濟和政治不平等，留下任何影響或改變。

但是，反文化確實顯示出，那些從盛行文化中獲益最大的人還是可以爲了尋求其他選擇而拒絕這個盛行文化，他們相信，這樣將更能充分滿足他們內心深處的需要和願望。

和平的革命性變化

在這裡與我想討論的目標更相關的，是從美國社會特權階層的年輕人中引起一個和平革命的嘗試，這革命將替換現有的體系，在他們看來，現有的體系已經在美國人彼此間產生巨大且無法合理化的不平等，故而，此革命將以更民主和更平等主義的經濟、社會和政治聯合體，來取代現有的體系。

這其中最突出的，是一個自稱**學生的民主社會**（SDS, Students for a Democratic Society）的政治運動。一九六二年SDS發表〈休倫港口宣言〉，〈宣言〉中所提出的「一個世代的議程」（The Agenda for a Generation）仍然是一套經得起檢驗的和平變化之建議，以追求更正義、更民主的社會。[6]它的作者，前加州參議員湯姆・海登（Tom Hayden）、蓋理・威爾斯（Gary Wills）、E・J・迪翁（E. J. Dionne），以及其他後來在美國公共生活中和知識生活中表現傑出的人士，首先注意到，他們並不是窮人，而是來自特權階級。〈宣言〉如此開始：「我們是這個世代的人，過去在至少還過得去的舒適生活裡獲得栽培，目前身處大學之中，在所繼承的世界裡看起來不太自在。」

那些作者們用大約五十多頁的篇幅，提供了對現有美國社會和政治詳細的批評，以及一套對將來的建議，其精神反映出他們的判斷：「孤獨、疏遠、隔離描繪出今天人與人之間的巨大距離……作爲一個社會體系，我們尋求建立一個由個人參與的民主政治。……我們隸屬於一種遙控式經濟，這種體制不讓那眾多的個體『單元』——即人民——做出任何基本的、對工作的性質和組織、報酬與機會有所影響的決定。」

相對於美國現行的政治和經濟體系，對政治和經濟的治理所應該採取的，是「參與型民主」之形式。例如，「簡單政府『規制』（就算能達成的話）如果缺少工人參與管理決策，就不會是適當的」。雖然〈休倫港口宣言〉沒有爲我們完整描繪什麼是「參與型民主」，但很多SDS的追隨者都這樣解讀；一個能全面解決美國生活之弊病的辦法。也就是說，那些以層級式權威爲基礎的體系，甚至是範圍大到一定程度的如代議制民主政治，將廣泛地被那些由成員直接治理的結社組織所取代，像是公社、消費者合作社、爲員工所有與經營的商社，以及由全員大會所治理的教育機構（在這些機構中，學生（或許也有白領和藍領雇員）與教師和行政人員平等參與），以及其他的類似組織等。

這種參與型民主解決辦法不僅遭遇那些權力、影響力、權威之職位既得者的強烈反對，它也面臨我之前描述的大多數對政治平等的深刻障礙。其中有兩項障礙特別相關：參與政治所要求的時間成本，以及能讓由全部成員所組成的大會來直接管理的體系的可行規模和限制。參與型民主的傑出成就作爲變革的一個媒介，或許也同時強烈促使此一運動的漸趨終止。

從消費主義到公民精神？

雖然反文化的成員追尋革命，但是SDS和一九六〇年代的其他人終歸失敗了，他們在富裕和充裕的時期出現，爲這個可能性提供了證據，也就是證明了更多的美國人可能會開始了解他們人性的基本面向：他們的生活品質和他們的幸福感，他們的成就感和福祉不見得會隨著貨物和服務之消費的不斷擴大（經濟體如此充分地供應）而提升。很多美國人可能如此作結：「我們是比我們的祖父母富有多了，但是，我們更幸福了嗎？」

由於越來越多的美國人得出這個結論，他們很可能會去尋求其他的解決方法。很多人或許會發現，他們自己生活的品質可以被公民的行動所提升。積極的公民運動者很快會觀察到——如果他們還未觀察到的話——民主政治的一個根本前提和承諾——即政治平等——被美國政治、經濟和社會的生活現實給穩穩拒絕了。

由於他們發現其實還有許多減低美國人彼此間政治不平等的方法，他們將爲美國政治生活帶來之前嚴重缺乏的事物：更普遍的願意投入時間和能量的強力承諾，以確保特定的政策能被採行。

有一件事我毫無疑問：就如同其他國家的情況，充分的政治平等將永遠在美國公民所能觸及的範圍之外。如同我們用來測量我們的奮鬥、我們的行動，以及我們的成就的其他道德目的與目標一樣，想要在公民彼此間達成完全的政治平等，就等於是設定了一個遠非人類之能力所能攀附的標準。

不過，既然有更多美國人已經發現我們的競爭性消費主義的內在是空洞的，並且發現那種活躍的且參與性的公民精神所能帶來的獎賞和挑戰，他們很可能已經開始推動美國，朝那個遙遠和難以掌握的目標，大步邁進。

◆註釋◆

【1】我深深感謝Robert E. Lane啓發了，影響了我對這一可能性的省思。其中最直接相關的，是他的著作*The Loss of Happiness in Market Democracy* (New Haven: Yale University Press, 2000)。除此之外，我也深深得益於他多年以來在「幸福」這一主題上的大量深度研究和寫作，以及我們——身為同事和朋友——針對這個主題所進行的許多討論。

【2】“New Name for ‘War on Terr’ Reflects Wider U. S. Campaign,” *New York Times*, July 26, 2005, A7.

【3】Sharon Begley, *Wall Street Journal* (August 23, 2004).

【4】The Economist Intelligence Unit, “The World in 2005,” http://www.economist.com.

【5】*Merriam-Webster's Collegiate Dictionary*，第九版。

【6】它想要和平改變的努力被the Weathermen這個提倡暴力的小派系給拒絕了，這些人在一九六九年離開了該組織。

羅伯特・道爾年表

年代	生平記事
一九一五年	•出生於美國愛荷華州。
一九四〇年	•於耶魯大學取得政治學博士。
一九四六年	•回到耶魯大學任教。直到過世為止，其畢生學術與教學，幾乎都耕耘在母校政治學系。
一九五三年	•與林德布洛姆（Lindblom）合著《政治、經濟與福利》（*Politics, Economics, and Welfare*）一書。
一九五六年	•出版《民主理論的前言》（*A Preface to Democratic Theory*）。
一九五七年	•出版《民主制度的決策：最高法院作為一個國家決策者》（*Decision-Making in a Democracy: The Supreme Court as a National Policy-Maker*）。
一九六〇年	•出版《商業的社會科學研究：產品和潛能》（*Social science research on business: product and potential*）。
一九六一年	•出版《誰統治？》（*Who Governs?*）。

一九六二年	•以《誰統治？》一書獲得美國政治學會的伍德羅．威爾遜獎（The 1962 Woodrow Wilson Prize of the American Political Science Association）。
一九六三年	•出版《當代政治分析》（*Modern Political Analysis*）。
一九六六年	•出版《西方民主國家的政治對立》（*Political oppositions in Western Democracies*）。
一九六八年	•出版《美國的多元民主：衝突與同意》（*Pluralist democracy in the United States: conflict and consent*）。
一九七〇年	•出版《革命之後？》（*After the Revolution?*）。
一九七一年	•出版《多元政治：參與與反對》（*Polyarchy: Participation and Opposition*）。
一九八三年	•出版《多元民主的兩難困境：自治與控制》（*Dilemmas of Pluralist Democracy: Autonomy vs. Control*）。
一九八五年	•出版《控制核武：民主與監護》（*Controlling Nuclear Weapons: Democracy versus Guardianship*）及《經濟民主前言》（*A Preface to Economic Democracy*）。

一九八九年	• 出版《民主及其批判》（*Democracy and its Critics*）。
一九九〇年	• 以《民主及其批判》再次獲得伍德羅·威爾遜獎。
一九九五年	• 獲得有政治學界諾貝爾獎之稱的約翰·斯凱特政治學獎（**Johan Skytte Prize in Political Science**）。
一九九七年	• 出版《走向民主—旅程：反思，一九四〇至一九九七年》（*Toward Democracy-a Journey: Reflections, 1940-1997*）。
一九九八年	• 出版《論民主》（*On Democracy*）。
二〇〇二年	• 出版《美國憲法的民主批判》（*How Democratic Is the American Constitution?*）。
二〇〇五年	• 出版《淘金之後》（*After The Gold Rush*）。
二〇〇六年	• 出版《論政治平等》（*On Political Equality*）。
二〇一四年	• 逝世於美國康乃狄克州。

譯名對照表

E・J・迪翁　E. J. Dionne

書名

《美國的民主》　*Democracy in America*

二劃

人均國內生產毛額　GDP per capita

人均國民生產毛額　GNP per capita

人群　demos

人類本能驅使　human drives

三劃

大衛・休姆　Davide Hume

大衛・梅休　David Mayhew

四劃

五百人委員會　Council of Five Hundred [Boule]

公民精神文化　a culture of citizenship

分歧　diversity

反文化　counterculture

史蒂芬・卡普蘭　Stephen Kaplan

史蒂芬・史密斯　Stephen Smith

五劃

市場資本主義　unregulated market capitalism

弗雷德・格林史丹　Fred Greenstein

本質平等　inrtrinsic equality

六劃

伊安・沙皮洛　Ian Shapiro

地位焦慮感的自我打擊作用　the self-defeating role of status anxiety

馬克思　Kral Marx
馬克斯・韋伯　Max Weber
高級醫療保險計畫　Medicare Plus

十一劃

國民生產毛額　GNP
國際貨幣基金　IMF
基斯・康登　Keith Condon
基礎者　baser
康德　Immanuel Kant
情感　feelings
情緒　emotions
理性　rationality
莫利・劉易斯　Molly Lewis
麥克・科皮奇　Michael Coppedge
麥凱恩—范戈爾德立法　McCain-Feingold legislation

十二劃

傑弗・希爾　Jeff Schier
喬治・布希　George W. Bush
普倪克斯山丘　Pnyx Hill
湯姆・海登　Tom Hayden
湯瑪斯・傑佛遜　Thomas Jefferson

十三劃

經濟合作暨開發組織　OECD
詹姆斯・密爾　James Mill

十四劃

蓋理・威爾斯　GaryWills

十五劃

嬉皮士 hippies

嬉普士 hipsters

遷徙者 relos

十六劃

學生的民主社會 SDS, Students for a Democratic Society

十七劃

醫療保險計畫 Medicare program

十九劃

羅伯特・連恩 Robert Lane

羅傑・史密斯 Rogers Smith

羅斯福總統 FDR

二十劃

蠑螈選區計畫 gerry-mandering plan

驅使 drive

經典名著文庫 143

論政治平等

On Political Equality

作　　者 —— 羅伯特・道爾（Robert A. Dahl）
譯　　者 —— 張國書
發 行 人 —— 楊榮川
總 經 理 —— 楊士清
文庫策劃 —— 楊榮川
副總編輯 —— 劉靜芬
責任編輯 —— 林佳瑩
封面設計 —— 姚孝慈
著者繪像 —— 莊河源
出 版 者 —— **五南圖書出版股份有限公司**
地　　址 —— 臺北市大安區 106 和平東路二段 339 號 4 樓
電　　話 —— 02-27055066（代表號）
傳　　眞 —— 02-27066100
劃撥帳號 —— 01068953
戶　　名 —— 五南圖書出版股份有限公司
網　　址 —— https://www.wunan.com.tw
電子郵件 —— wunan@wunan.com.tw
法律顧問 —— 林勝安律師事務所　林勝安律師
出版日期 —— 2009 年 6 月初版一刷
—— 2021 年 6 月二版一刷
定　　價 —— 280 元

國家圖書館出版品預行編目資料

論政治平等 / 羅伯特・道爾（Robert A. Dahl）著，張國書譯. -- 初版. -- 臺北市：五南圖書出版股份有限公司，2021.06（經典名著文庫；143）
面；公分. --
譯自：On political equality
ISBN 978-986-522-715-9（平裝）

1. 民主政治　2. 平等

571.6　　110006323